KB166255

토론 승리의 기술

토론 승리의 기술

초판 1쇄 인쇄 | 2015년 5월 8일
초판 1쇄 발행 | 2015년 5월 18일

지은이 | 최찬훈
펴낸곳 | 함께북스
펴낸이 | 조완욱

등록번호 | 제1-1115호
주소 | 412-230 경기도 고양시 덕양구 행주내동 735-9
전화 | 031-979-6566~7
팩스 | 031-979-6568
이메일 | harmkke@hanmail.net

ISBN 978-89-7504-620-9 03320

이 도서의 국립중앙도서관 출판예정도서목록(CIP)은 서지정보유통지원시스템 홈페이지(http://seoji.nl.go.kr)와 국가자료공동목록시스템(http://www.nl.go.kr/kolisnet)에서 이용하실 수 있습니다. (CIP제어번호: CIP2015012466

토론승리의 기술

최찬훈 지음

세상으로부터 나를 지키는 힘

토론 승리의 기술

victory

목차

제2장 현실에서 바로 써먹을 수 있는 실용 전술 편

[서론]

이 책이 선(善)의 구현인 이유

당하는 사람에게 '화합하라'는 말은 의미가 없는 것이다

이 책은 일상 현실에서 벌어지는 다양한 사회적, 관계적 갈등을 빠르게 해결하는 기술을 담고 있다. 흔히 갈등을 해결하는 방법이라면 '화해'만을 생각하곤 하는데, 실제로 시중 서점에 가봐도 적을 만들지 말라느니, 소통의 정신으로 상호 윈윈하라느니, 하는 책들만이 주로 넘실댄다. 뭐, 좋은 얘기고 다 맞는 말이긴 한데, 그런 문구를 볼 때마다 안 들 수가 없는 생각 하나가 있다. 그건 바로, "누가 그걸 모르냐?"라는 것이다.

이 세상에 좋아서 적을 만드는 사람이 어디 있겠으며, 화해하고 싶지 않은 사람이 어디 있겠는가? 사람들이 그걸 못하는 게 단지 소통하는 방법을 모르는 무식쟁이여서 그러는 것일까? 그렇게만 보기엔 무리가 있다. 여러 가지 환경적 여건상 도저히 안 되는 때라는 게 있기 마련이다.

특히 그중에 가장 골치 아픈 건, 자신의 이기적 목적으로 교묘하게 갈등을 걸어오는 사람들의 존재이다. 나는 가만히 있으려고 해도 나를 누르고 더 많은 이익을 얻고, 더 편하게 지내려는 이들은 반드시 나타나게 된다. 취업에서건, 사업에서건, 직장 생활에서건 늘 마찬가지다. 혹자는 그것이 경쟁을 종용하는 이 나라의 사회 구조 탓이라고 말하지만, 그 구조를 구축한 것 역시 인간이고 보면 이 상황이 쉽게 개선될 것이라 보이진 않는다. 산에서 혼자 도 닦으며 살지 않는 한, 우리는 결코 타인이 걸어오는 이기적 갈등으로부터 자유로워질 수 없다.

매우 아쉬운 점은, 이 이기적 갈등이 빚어내는 싸움에선 필연적으로 부당한 쪽이 승리하는 결과가 다수 만들어진다는 것이다. 학교 시험이나 스포츠와는 달라서 사회에서의 갈등과 투쟁은 열심히 노력하는 선량한 이가 반드시 잘된다고 볼 수 없다. 오히려 착하면 손해 본다는 것이 일반적으로 말하는 통설이다.

나쁜 것은 덮어 둘수록 악인들만 득 본다

화합이 좋은 것이라는데 반대하는 게 아니다. 그러나 이에 대한 과도한 강요는 오히려 문제를 일으킬 수 있다는 점도 알아야 한다.

우리 사회에서는 정치판이건 일상에서건, 화합해야 한다는 강박관념 때문에 갈등 상황에서 무턱대고 5:5식 화해부터 종용하는 경우가 많이 빚어진다. 그런데 과연 억지로 이뤄지는 강제적 화합은 진정한 의미의 갈등 해소를 이룰 수 있을까? 천만의 말씀이다. 왜냐하면 갈등의 발생 책임이 5:5로 딱 균등한 경우는 많지 않기 때문이다.

시중 서점가 매대 대부분을 점유하고 있는 "소통, 화합, 조화, 윈윈(Win-Win), 사이좋게 잘 지내라." 식의 자기계발 책들이 가장 크게 놓치고 있는 부분이 바로 여기다. 화합은 중요한 일이지만 그 못지않게 갈등 해소에서 중요한 키워드는 바로 옳고 그름, 즉 시비(是非)를 명확히 가리는 일이다. 갈등은 양자의 책임일 수도 있고 한쪽만의 책임일 수도 있으며, 양자의 책임일 때도 그 잘못의 비중이 한쪽에 치우쳐 있을 때도 있다. 이 시비를 명확히 가리고 난 이후에야 진정한 의미의 발전적 화합이 가능한데 대부분 이걸 회피하고 그냥 기계적인 화해만을 강조한다. 기업이건 국가건 이런 어설픈 문화가 자리 잡고 있는 곳이라면, 임시 봉합은 가능할지언정 진정한 의미의 통합은 이뤄지기 어렵다. 그리고 잠시 봉합해 두었던 갈등은 아이슬란드 간헐천 마냥 사사건건 재폭발을 하게 된다.

이건 개인적 차원에 봐도 마찬가지다. 상대방이 자기의 이기적 실리와 편안함을 위해 내게 투쟁적 갈등을 걸어오는 상황은 피하고 싶다고 피해지는 것도 아니고, 억지로 화해만 한다고 해피엔딩이 되는 건 더더욱 아니다. 부당하게 갈등을 걸어오는 이를 확실하게 격파해 주지 않으면 그로 인한 이득에 맛 들린 사람은 언제고 당신을 또 공격할 것이다. 그렇기 때문에 화해 못지않게 우리가 꼭 익혀야 할 갈등 해결의 방법이 바로, 자신의 주장을 제대로 펼쳐 정면돌파 해내는 기술이다. "내가 그때 이렇게 대처했어야 하는데"라는 후회를 남기지 않고 자신의 올바름과 상대의 문제점을 명확히 지적한 이후에야 만이 마음의 짐을 덜고 가장 깨끗한 인간관계를 맺어

갈 수 있게 된다. "두루두루 잘 지내라, 적을 만들지 마라."라는 건 좋은 이야기긴 하지만, 피해를 보고 당하며 사는 사람에게는 뜬구름 잡는 이야기밖엔 되지 않는 것이다.

부정할 수 없이 한국 사회에는 온갖 착취, 사기, 부정, 비리, 모략, 기만, 자기 정당화 등 더러운 짓들이 넘실댄다. 그러나 그에 반해 서점에 가보면 정의니, 화합이니, 긍정이니 하는 책들로만 도배되어 있다. 뒤로는 온갖 야비한 짓을 해도 남들 앞에서는 고상한 폼 잡기를 좋아하는 풍토가 한국 사회의 주류이기 때문일까? 물론 추접스럽고 지저분한 현실을 들추기 싫어하는 마음이야 이해 못하는 바는 아니다. 그러나 글을 쓰는 사람의 절대적 책임 중의 하나는, 사람들이 회피하고 덮으려고 하는 것들을 들추는 것이다. 왜 들추어야 하느냐고? 그건 선량한 사람들을 위해서다.

나쁜 것을 감추기만 하는 것은 죄악에 불과하다. 왜냐면 나쁜 것은 감추면 감출수록 결국 악인들이 이익을 챙기기 때문이다. 범죄, 사기, 온갖 부당한 차별, 다 마찬가지다. 숨길수록, 언급 안 할수록 착한 사람들만 고통받는다. 반면 악한 현상의 실제 모습을 들출수록 피해자는 줄어든다. 나 역시 착한 심성을 바탕으로 늘 양보하고, 져줄 줄 아는 사람들은 좋아하고 그런 인품을 갖추려고 한다. 그러나 어떤 이들은 그런 선량한 사람을 오히려 우습게 보고 더 쥐어짜 내려는 이도 있다. 그런 소시오패스들이 정상인의 탈을 쓰고 우리네 일상에 명백히 존재하는 이상 화해와 긍정이라는 단어는 결코 절대 선이 될 수 없다.

이 책에서 말하는 승리는
'옳은 것이 온전히 인정받는 것'을 뜻한다

이 책이 "남을 공격해서 이겨내자. 이 처절한 경쟁 사회에서 승리를 통해 나만 살아남자."라는 매정하기 짝이 없는 이야기를 설파하려고 쓰인 게 아니라는 점을 기억하자. 무엇보다 이 책에서 추구하는 '승리'라는 개념은 무조건 남을 이겨먹는 것을 뜻하지 않는다. 내가 이 책을 쓰며 생각한 싸움의 구도는 '나 VS 남'이 아니라, '옳은 것 VS 그른 것'의 구도다. 피아의 구분을 떠나서 옳은 것이 그 정당함을 인정받는 것이 바로 승리고, 나쁜 것을 응징하지 못하는 것이 패배다. 이러한 관점에서라면 승리는 곧 정의다. 따라서 이 책에서 이야기하는 토론 승리의 기술은 정의의 기술에 불과하다.

혹자들은 이 책의 내용이 너무 타인을 공격하는 교활한 수법을 노골적으로 전파하는 것이 아니냐는 비판을 할 수도 있겠다. 그에 대해서는 크게 아래 두 가지 논거로 간단하게 논파할 수 있다.

첫째로 싸움의 기술에 대해 이야기를 안 하면 안 할수록 교활한 사람들만 유리해진다는 점이다. 세상엔 타인을 공격하기를 꺼리지 않는 사람이 많다. 심지어 남을 공격해 경쟁 우위를 확보하는 걸 즐기는 사람도 있고, 즐기진 않더라도 그게 사회생활에서 어쩔 수 없는 것이라며 당당히 정당화하는 이들도 많다. 그런 사람들이 소위 겉으로는 깔끔한 인상과 웃는 낯을 보이면서 남의 인격과 권리를 짓밟는데 조금의 가책도 느끼지 않는다는 소시오패스(sociopath)들이다. 안타깝게도 그런 소시오패스들이 오히려 출세도 잘 한다는 게 요즘 세상이다. (아니, 예전부터 늘 그래 왔던가?)

소시오패스들은 당연히 정신적 싸움에 능숙하다. 왜냐면 늘 남을 공격해온 인생 전반의 경험을 통해 자신만의 파이팅 노하우(Fighting Know-How)를 축적해 왔기 때문이다. 반면 남을 잘 공격하지 못하는 착한 사람들은 당연히 경험이 부족하기에 그에 대한 노하우도 적다. 이건 마치 조폭하고 일반 직장인이 주먹다짐을 하면 조폭이 이길 수밖에 없는 것과 같은 이치다. 오히려 남의 인격과 명예, 실리를 갈취하는 공격 수법들을 오픈하면 할수록 착한 사람들이 자신을 지킬 대비를 할 수 있게 된다. 따라서 이 책을 통해 더 득을 보는 건 선량한 사람들이지 밥 먹듯이 남을 누르며 살아온 싸움쟁이들이 아니다.

두 번째로 공격이라는 것이 꼭 나쁜 게 아니라는 점이다. 실례로, 흔히 칼이라고 하면 사람을 해치는 흉기로 인식되지만 실상 칼은 사람을 죽이는 것보다 살리는데 훨씬 많이 사용되는 도구다. 칼이 없었다면 많은 수의 사람이 제대로 수술도 못 받고 죽어나갔을 것이다. 요컨대 관건은 목적이지 절대 도구가 아니라는 얘기다.

본래 악을 막는 유일하고 가장 좋은 방법은 악을 공격해 퇴치하는 것이었다. 이순신 장군이 외적들을 공격할 계략을 꾸몄다고 해서 그게 나쁜 일은 아니지 않은가. 《토론 승리의 기술》은 칼처럼 하나의 도구일 뿐 절대 선악의 개념이 적용될 수 있는 대상이 아니다. 오히려 부당함을 제대로 공격하지 못한다면 그거야말로 부정에 일조하는 사악한 행위가 된다.

유사 이래로 싸움에서 이겨온 건 언제나 싸움을 잘하는 쪽이었다. 즉, 정당하고 옳은 사람이 이겨온 게 아니라는 것이다. 실제 우리네 생활에서도 교활한 사람들이 출세와 부를 독점하는 경우가 많다. 본래 성향상, 더 경쟁의식 강하고 교활한 쪽이 싸움 기술도 잘 터득하게 마련이므로, 착하고 선량한 사람이 그들을 감당하기 힘든 건 당연지사다.

그러나 인간은 기술의 습득이 가능한 존재! 도저히 어쩔 수 없는 힘과 권력의 차이 때문에 패한다면 별도리가 없겠으나, 그래도 말을 섞고 최소한의 싸움이 성립할 수 있는 관계라면 최대한 저항을 해줄 필요가 있다. 인간의 역사에 있어 대부분의 선(善)과 정의는 저항으로부터 구현되어 왔다. 역사책을 뒤적여 보라. 저항 없이 구현된 정의가 얼마나 되는가? 저항의 싸움이야말로 진정한 선의 구현이다. 그리고 당연히 저항하려면 무언가의 도구가 필요하다. 봉기를 일으키려 해도 하다못해 곡괭이 하나라도 들어야 하지 않는가? 오늘날에 있어 이 책이 소개하고 있는 언어적 싸움의 기술들은 선량한 당신을 지켜줄 하나의 좋은 저항의 도구가 되어줄 것이다.

물론 내가 이렇게까지 이야기를 했음에도 끝끝내 "나는 남을 이겨 먹는 화술은 배우고 싶지 않다."라고 말하는 고지식한 선비님들이 있을 것으로 본다. 그런 이들에게 마지막으로 해주고 싶은 이야기는 이기는 기술을 배우는 것과 실제 남을 이겨 먹는 것은 다르다는 사실이다. 권투를 수련하는 사람이 모두 조폭이 되려고 배우는 건 아니지 않은가? 상대방과 화합을 할 땐 하더라도 이길 수 있는 힘이 있을 때 하는 것과 이길 수가 없어서 어쩔 수 없이 손을 잡는 것은 하늘과 땅 차이다. 수십 년간 전쟁이 없어도 많은 나라들이 국방을 갈고 닦는다. 꼭 남을 공격하지 않는다 해도 《토론 승리의 기술》을 알고 있는 것은, 간교한 웃음 뒤에 칼을 숨기는 사람이 판치는 이 세상에서 꼭 필요한 일이 된다.

무엇보다 이 책은 착하고 마음이 여린, 그래서 남들과의 갈등적 싸움을 잘하지 못하는 사람들을 위해 쓰인 책이다. 읽어보면 알 것이다.

제1장

당하며 살지 않기 위한 공격의 원리

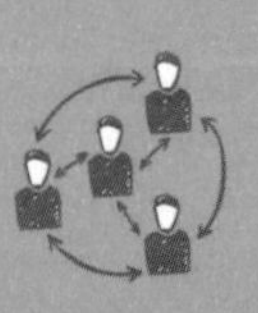

억울함과 후회 없는 대처를 위한 기술

살다 보면 별의별 억울한 일들이 생긴다. 살면서 억울함이란 감정을 단 한 번도 느껴보지 않은 이는 없을 것이다. 이에 대해 우리가 꼭 알아야 할 점 하나는, 억울함을 피하기 위해서도 기술이 필요하다는 점이다. 정의로운 게 꼭 이기는 것도 아니고, 나의 정당함이 반드시 남들에게 어필되는 것도 아니다. 오히려 그 반대의 경우도 많다. 분명히 해서는 안 되는 일인데 그냥 추진된다거나, 정작 잘못한 사람은 따로 있는데 엉뚱한 사람이 책임을 뒤집어쓰는 경우, 내가 피땀 흘려 해온 일인데 그 공을 빼앗기는 상황 등등, 세상에는 부당한 일들이 참으로 많다.

매우 안타까운 건 그런 일을 획책하는 교활한 이들 대다수가 좋은 머리를 가졌다는 점이다. 그들은 참으로 기괴한 화술로 자신의 부당함을 정당한 것으로 둔갑시키고, 본인의 잘못을 남에게 떠넘기며 능구렁이처럼 면피를 해낸다. 그런 포장의 기술이 뛰어난 인간이 조직 내에서 출세 가도를 달리는 건 많은 직장인들이 자주 목도하는 현실 중에 하나다. 그런 사람들이 우리를 공격해올 경우, 우리는 그 싸움을 피할 수가 없다. 그때의 싸움은 일단 언어를 통한 언쟁, 논쟁, 토론 등의 형태로 펼쳐지며, 그때 적절히 대처를 못하면 무시를 당하고 억울해지는 걸 막을 수 없게 된다.

세상엔 말 잘하는 인간에 대한 거부감을 가지는 사람들도 많고 말만 번지르르하면 왠지 사기꾼 같은 느낌이 들기도 한다. 그래서 말싸움, 언쟁의 기술이라고 하면 무조건 부정적으로 생각하는 이들도 많다. 그러나 사실 말이란 힘 없는 약자가 자신을 변호할 수 있는 정말 몇 안 되는 소중한 도구이다. 때론 거의 유일한 도구일 때도 있다. 물론 말로 모든 걸 다 바꿀 수 없을지도 모르고, 직위나 권력, 돈의 힘이 말보다 더 강할 때가 많은 게 우리네 인생사이긴 하다. 그래도 어떻게 말을 하느냐에 경우에 따라선 결과나 주변 환경의 역학 구도에 꽤 큰 영향을 미치는 게 가능하기도 하며, 최소한 억울함과 후회를 덜어주고, 부당한 상대방에게 심리적 타격을 주는 역할 정도는 충분히 해낼 수 있다. 결코 경원시하거나 우습게 생각해선 안 되는 도구다.

후회 없는 대처를 위해 필요한 요소는?

인간이 사회생활을 하며 관계 속에서 벌어지는 숱한 싸움에는 일단 말을 통한 충돌이 가장 먼저 빚어지게 된다. 이때 말을 효과적으로 활용하는 건 싸움의 향방에 큰 영향을 미친다. 이 책 전반에서는 환경과 상황, 단어를 버무려 가장 높은 효과를 거두어 내는 언쟁의 방법에 대해 다뤄나갈 것이다. 다만 이런 이야기를 하면, "저는 말장난이나 치는 기술 따위는 배우고 싶지가 않아요."라고 생각하는 사람도 있을 것으로 본다. 그러나 만일 그런 생각이 든다면 그건 매우 잘못된 발상이다.

세상 그 어떤 정의, 진실, 위대한 사상도 언어라는 날개를 달지 못하면 절대 널리 퍼져 나갈 수가 없었다. 세상 모든 종교가 왜 경전을 만들었겠는가? 반면 제아무리 터무니없는 사악한 사상도 언어의 날개를 잘 갖다 붙이는 순간 엄청난 생명력을 얻게 된다. 홀로코스트, 일본군 강제위안부, 생체실험 등 인간이 저지른 수많은 끔찍한 악행들의 뒤에는 늘 그걸 정당화시켜주는 언어가 있었다.

개인의 삶에서도 언어의 중요성은 이처럼 큰 역할을 지니며, 특히 후회 없는 사회생활을 위해서는 반드시라고 할 정도로 중요한 요소가 된다. 왜냐면 우리는,

"아~ 내가 그때 왜 그 말을 했지?"
"왜 그렇게밖에 말하지 못했지?"
"아, 이런 좋은 말이 있었는데 그때 왜 이 말을 하지 못했을까?"

살면서 위와 같은 후회를 경험할 때가 종종 있기 때문이다. 특히 억울했던 사정과 아울러 위와 같은 후회가 함께 겹치는 경우라면, 정말 불쾌하고 끔찍스런 기억이 만들어지게 된다. 그럼 위와 같은 일이 왜 발생을 하는가? 인간의 대화도 참 여러 가지 종류가 있는데, 위와 같은 불쾌한 후회가 발생

하는 건 주로 싸움, 즉 언쟁(言爭)이다. 서로 간의 실리와 정의, 자존심이 첨예하게 대립할 때, 갑작스러운 공격을 당하게 되고, 그에 적절히 대처하지 못했을 때 바로 후회가 생기게 되는 것이다.

인간이 구사하는 모든 커뮤니케이션 중에 가장 어려운 것이 바로 이 언쟁이다. 칭찬, 덕담, 잡담, 수다 같은 것이라면 크게 부담이 되고 힘겹게 느껴질 이유가 없다. 제일 힘든 건 역시 갈등 속에서 빚어지는 언쟁이다. 특히 이 언쟁은, 마음이 여리고 착한 사람들일수록 제대로 못하고 나중에 혼자 끙끙 속앓이 해대는 경우가 많다. 이 책은 성격상 싸움이 잘 맞지 않아도, 또 언쟁의 충분한 경험이 없어도 지능적 공격에 능한 싸움쟁이들을 물리칠 수 있도록 만드는 데 목적이 있다.

'대처'를 잘하기 위한 기술의 핵심은 역시 각 사안에 대한 유형별 분류다. 만나게 되는 불쾌한 공격들을 종류별로 분류해놓고 각각에 대한 대처법을 미리 숙지하는 것이다. 현장에서의 돌발 상황들을 미리미리 분류하고 그에 대한 대처법을 정리해 놓는 건 능력 이상의 성과를 만들어 주는 열쇠다. 우리는 언제라도 불시에 이익과 명예가 갑자기 걸려버리는 언쟁을 하게 될 수 있고, 그때 적절히 대처를 못하여 큰 후회를 남길 가능성이 다분한 존재다. 그를 막아줄 건 사전에 유형별 정리를 하는 습관밖에는 없다.

제대로 대처를 못했다는 것은 무슨 의미인가?

정신적 싸움에 익숙하지 않은 착한 사람들은 대개 논쟁, 언쟁, 인신공격 등을 당했을 때 아래와 같은 상황에 빠지면서 큰 후회를 남기게 된다.

- 대체 뭘 당한 건지 모르겠는데 무언가 억울한,
- 왠지 정당하지 않은 결과가 된 것 같은데, 왜 정당하지 않은지 딱 꼬집어 표현할 수 없는,
- 마음으로는 전혀 수긍이 가지 않지만, 딱히 반박할 만한 말은 떠오르지 않는,
- 언쟁이 다 끝나고 난 이후에 "아! 이렇게 말했으면 좋았겠구나."라는 때늦은 생각이 드는 것.

바로 싸움 후 이런 뒷맛이 남는다면 그게 바로 패배다. 반면 상대방은 우리를 이겼다는 심리적 만족감에 흐뭇해하게 된다.

이런 패배의 상황이 벌어지는 건 정식 TV 토론이 아닌 일상생활에서라면 십중팔구는 '선제공격'을 당했을 때이다. 미처 준비가 안 된 상태에서 어느 정도 마음을 먹고 작정하고 덤비는 동료가 갑자기 말로 푹 찌르고 들어오면 순간적으로 정확히 대처하기가 쉽지 않다.

실제로 길거리 싸움의 고수들이 늘 강조하는 것이 바로 '선빵'의 중요성인데 이는 말의 싸움, 정신적 대결에서도 그대로 그 적용된다. 아무리 똑똑한 사람이라도 갑자기 공격을 받으면 최적의 대처를 하기가 쉽지 않다.

대개 교활하고 남에게 상처를 주는 데 주저함이 없는 소시오패스적 사람들은 미리부터 "이러이러한 부분을 공격해야겠군."이라고 생각을 했다가 갑자기 칼을 찔러 댄다. 직장 내 회의 같은 경우도 마찬가지로 상대방이 준비할 시간을 주지 않은 상태에서 몰아치는 경우가 많다. 이때는 당연히 해당 사안을 미리부터 생각해봤던 사람이 압도적으로 유리할 수밖에 없다. 그렇기 때문에 조직에서 치사한 관리자들은 자신이 하고자 하는 바를 밀

어붙이려 할 때, 주로 갑자기 회의를 소집하는 방법을 쓴다.

자기는 생각할 것 충분히 다 해놓고, "10분 뒤에 회의합니다."라고 공지하면서 회의 주제도 제대로 알려주지 않는다. 다 모아놓고 회의를 시작할 때 그제야 토픽을 이야기해주고 의견을 말해보라고 한다. 당연히 준비 시간이 짧을 수밖에 없는 다른 직원들은 깊은 의견을 내놓을 수 없고, 숙고 없이 나온 의견은 논파해버리기 쉽게 된다. 이래놓고 추후에 "회의를 통해 전체적인 중지를 모았다."라는 구실을 내세우는 것이다. 이 예처럼 사회생활에서 교활한 이들은 자신의 준비 기간은 충분히 확보하고 상대방에게는 준비를 시키지 않으려는 잔머리를 자주 굴리게 된다. 어떤 싸움에서건, 미리 준비하고 싸우는 것과 준비가 안 된 상태에서 당하는 건 하늘과 땅의 차이다.

그래서 우리가 가장 피해야 할 일 역시 준비 안 된 상태에서 갑자기 공격을 얻어맞는 일이다. 그러나 사회생활 하다 보면 교활한 이들의 기습공격을 아예 하지 못하도록 원천 차단하는 방법은 거의 없기에, 우리는 미리 여러 상황에 써먹을 수 있는 공방의 요령을 알아둘 필요가 있는 것이다. 이제부터 본격적인, 남에게 말로 당하지 않기 위한, 그리고 부당한 이들의 의도를 저지할 수 있는 언어의 기술들을 배워보기로 하자.

언쟁하기 전 반드시 알아두어야 할 공격자들의 7가지 노림수

가장 먼저 알아야 할 건 역시 "무엇을 노려야 하는가, 상대가 무엇을 노리는가?" 하는 점이다.

어떤 일을 제대로 못하는 사람들의 가장 큰 문제는 역시 정확한 목표가 없다는 것이다. 예를 들어, 공부를 못하는 아이들은 한결같이 오늘 해내야 할 공부의 목표 타깃이 불분명하다.

우리가 사회생활을 하면서 나누게 되는 각종 싸움 역시 마찬가지다. 남을 잘 공격하는 싸움쟁이들의 경우 싸움을 걸 때 상대방을 어떻게 몰아넣어야 하는지 그 목표점을 구체저으로 가지고 있는 경우가 대다수다. 그들의 공격 노림수를 하나씩 살펴보자.

공격자들의 노림수 1
상대방에게 명예적 타격을 주기 - 망신주기, 권위/신뢰 깎아내리기 등

사회생활을 하면서 남에 대해 "공격을 잘 한다."라는 것은 상당수가 바로 남에게 명예적 타격을 주는 것, 즉 망신을 잘 준다는 것을 의미한다.

타고난 공격 본능으로 자신과 경쟁상대에 있는 사람들에게 망신을 잘 주는 사람들이 있다. 특히 소시오패스들이나 조직 내에서 타인을 끌어내림으로써 상대적으로 자신이 상승효과를 보려는 사람들은 이에 매우 능숙하다.

상대방에게 망신을 주는 방법은 여러 가지가 있다. 일단 상대방의 평상시 행동거지 및 약점, 처해있는 불리한 상황 등 사전 배경 정보를 통해 해내는 경우가 있고, 그런 사전 정보가 없이 순수하게 현장에서 벌어진 일만 해내는 방법도 있다. 이때 갤러리, 즉 구경꾼은 큰 변수다. 말싸움하는 당사자를 제외하고 옆에서 구경하는 갤러리들은 해당 사안에 대해 진지하게 생각하지도 않고, 그저 한쪽이 대망신을 당하는 모습을 보며 낄낄대려고만 하는 사람들도 많다. 다른 사람이 수치를 겪거나 망신을 당하는 모습을 옆에서 보는 건 상당히 즐거운 일이다. 왜 고대 로마 시민들이 인간과 짐승의 검투 시합에 그리 열광했을까? 타인의 곤경을 보며 즐거워하는 본능은 오늘날까지 많은 사람들에게 이어져 내려오고 있다. 남이 망신당하는 모습을 보고 싶어 하는 갤러리의 존재는 우리가 언쟁할 때 늘 변수가 되는 부분이다. 특히 망신 공격을 잘 가하는 싸움쟁이들 이 같은 갤러리들의 이런 욕망을 잘 활용한다. 설사 언쟁하는 내내, 올바른 입장에 서서 정당한 변론만을 했다고 하더라도 단 한 번의 망신을 당하면, 단순한 갤러리들에 의해 패배자 취급을 받기도 한다. 어차피 갤러리들 대부분은 해당 주제에 대해 깊이 관심이 없이, 그저 개그콘서트처럼 누군가 한 명이 웃음거리가 되어 자신을 기쁘게 해주기를 더 바라므로, 망신 주는 기술이 뛰어난 사람이 유리할 수밖엔 없다.

보통 망신이나 권위, 신뢰에 타격을 받는 현상은 아래와 같은 상황에서 발생한다.

1. 무엇에 대해 아는 척을 했는데, 그게 틀렸을 때
2. 강력하게 주장을 했는데 의외로 내게 반대하는 인원이 더 많을 때
3. 주장을 뒷받침하는 논거가 틀린 것으로 증명되었을 때
4. 인격적 조롱 : 조롱, 비웃음의 대상이 되는 인간상으로 '덧칠' 당했을 때
5. 상대방에게 내 주장의 무게감이 별것 아닌 것으로 과소평가 당할 때

이 각각의 상황으로 상대방을 유도하여, 자신에게 합리적 정당성이 없더라도 상대에게 타격을 입히고 자신의 목적을 달성해나가는 게 능숙한

싸움쟁이들의 방식이다. 이 책에선 앞으로 그네들의 세부적 방식을 하나씩 기술해 갈 것이다.

공격자들의 노림수 2
상대방에게 나쁜 이미지를 덮어씌우기

상대를 언쟁에서 이기는 방법은 여러 가지가 있는데, 논리나 정당성에서 밀려도 이기는 수단은 많다. 그 대표적인 게 바로 이미지로 이기는 것이다. 상대방, 혹은 상대방 의견에 대해선 나쁜 이미지를 덧씌우고, 나의 의견은 아름답게 포장한다. 이를 통해 합리적 정당성이 뒤집히는 경우는 우리 삶에서 너무나도 많이 벌어지는 일이다.

교활한 이들은 이걸 더 발전시켜 아예 상대방에 대한 나쁜 이미지를 고착화해, 관계적 싸움에서 두고두고 써먹는 경우도 많다. 이에 대해선 기본적으로 상대방의 언행, 캐릭터, 성격 등에 대해 적용해 줄 수 있는 고약한 이미지 프레임을 미리 두루 알고 있다가 필요한 경우 잽싸게 상대방과 일치를 시켜 공격하는 게 주로 쓰이는 방식이다.

우리는, "당신의 이상형이 무엇인가?"라는 질문을 가끔 주고받는데 대부분 사람들은 호감 가는 인간상을 마음속에 하나쯤은 가지고 있게 마련이다. 또 동시에, "이런 인간은 정말 재수 없다. 끔찍하다. 우스꽝스럽다. 조잡하다."라는 인간상도 가지고 있다. 개개인 별로는 큰 차이가 있으나 사회 보편적으로 널리 통용되는 <호감/비호감형>, <명예스런/불명예스런> 인간상이라는 건 있게 마련이다. 이건 너무 숫자가 많아서 일일이 예를 들기도 어려운데, 사회적 싸움에 능숙한 사람들은 상대방에게 가장 적절하게 먹여줄 수 있는 불명예스러운 인간상의 이미지를 요령껏 덧칠함으로써 싸움을 편하게 이끌어 나간다. 싱글싱글 웃는 낯으로 상대방에게 조롱과 망신을 줘서, 사안의 옳고 그름보다 이미지 싸움으로 포인트를 따가는 것이다.

이 패턴은 치사한 공격자들의 가장 주요한 목표 중 하나인데, 이 의도를 적절히 간파해내지 않으면 내가 정당한 주제라도 힘들게 싸움을 더 해야 한다. 그러나 또 원리만 알면, 이걸 그대로 뒤집어 상대방에게 역공을 가해줄 수도 있다. 세부적인 방법은 다른 것들과 함께 뒤에서 더 자세히 다룰 것이다.

공격자들의 노림수 3
상대를 정신적으로 흔들기 - 위압감 주기, 충격, 조바심, 당황 유도 등

상대를 정신적으로 흔드는 것이 승리에의 첩경이라는 것을 노회한 사회경험 많은 사람들은 잘 알고 있다. 정신을 흔드는 건 여러 종류가 있어서, 쉽게 생각하는 당황하게 만들기, 놀라게 하기, 혼란스럽게 하기, 방심하게 만들기 등 여러 가지가 있는데, 상대를 경쟁적으로 이기는 것, 혹은 속이거나 사기를 치는 것에 익숙한 사람들은 꼭 자신만의 정신을 흔드는 노하우를 알고 있게 마련이다.

언쟁을 잘하는 사람들이 단지 논리력이 뛰어나서 언제나 승리를 얻어내는 것은 아니다. 그들은 자신이 가지고 있는 모든 것을 활용하여, 이 목적을 달성해 낸다. 때로 그것은 권력적 지위일 때도 있고 능숙하게 예기불안을 이끌어 내는 방법도 있다. 또, 상대방 약점, 콤플렉스를, 과거사, 다른 인간과의 관계 등을 시의 적절하게 활용하기도 한다. 가히 가장 치사한 노림수라 할 만하다.

공격자들의 노림수 4
논리적 정면 반박 - 상대방의 말문을 막히게 만들기

위의 방법들이 심리적 차원의 얘기라면 그에 반해 상대의 말 그 자체를 가지고 다투는, 논리적 차원의 공격법도 물론 있다. 논리로 압도하여 상대방의 말문을 막히게 만드는 것이다.

이런 논리적 승리를 거두는 방법에는 대략 상대방의 주장을 뒷받침하는 논거를 부수는 방법, 또 하나는 해당 논거를 통해 결론이 도출되는 과정상의 문제를 제기하는 방법, 그 외 보이지 않는 여러 요소들을 활용해 측면공격으로 상대를 무너뜨리는 방법 등이 있다. (보이지 않는 요소가 무엇인지는 뒤에서 세세히 기술될 것이다)

얼핏 이건 기존의 노림수들에 비해 다소 신사적 방법으로 보이긴 한다. 그러나 뒤에서 찬찬히 살펴보겠지만, 이 방법상에서도 숱한 사기와 기만, 속임수가 난무하기 때문에 절대 깨끗하기만 한 싸움법이 아니다. 경우에 따라선 위의 다른 방법들보다 더 억울하고 분하게 당할 수도 있다.

공격자들의 노림수 5
당신이 좋지 않은 말이나 행동을 하도록 유도한다 - 함정전략

사회생활을 하면서 능수능란하게 남을 잘 공격하는 사람은 단순히 상대를 기분 나쁘게 하는 것보다 한 수 더 앞을 바라보는 경우가 많다. 대표적인 건 당신을 실언하게 만들거나 흥분하게 만드는 것, 또는 꼬투리를 잡고 싸움을 유리하게 이끌어 나갈만한 요지의 극단적 발언을 해버리도록 유도하는 방법들이다.

모든 방어의 기본은 상대방의 노림수가 무엇인지 정확하게 캐치해 내는 것에 있다. 야구에서 투수가 변화구를 던지는 건 타자의 헛스윙을 유도하겠다는 노림수가 있는 것인데 그걸 간파하고 있어야 상대에게 놀아나지 않게 된다. 즉,

상대방의 이 행위는……

1. 나를 ○○○한 상태로 몰아넣거나,

2. 나를 ×××한 행동을 하게끔 유도하기 위한 것이다

라는 것을 파악할 수 있어야 순간적으로 최적의 대처를 할 수가 있게 된다. 대개는 이에 대해 상대가 나에게 원하는 바가 있다면 그에 반대되는 액션을 보일 때 괜찮은 대처가 되는 경우가 많다. 예를 들어 상대가 [예, 아니오]의 단답형 답변을 요구하면 그 질문 자체가 잘못된 것임을 지적해 준다거나, 상대가 나의 흥분을 일으키려 도발하면, 오히려 차분하게 나가거나 아니면 상대가 도저히 예상할 수 없는 돌출 답변을 해주거나 하는 식이다. 이때 상대방의 의도와 그 정도를 잘 읽는 것은 언쟁 승리의 기본 요건이 된다.

지금까지 소개한 공격의 목적, 노림수들은 우리 생활에서 아주 빈번하게 일어나는 일이며 죄책감을 느끼는 뇌세포가 적은 사람이라면 목적을

달성해 내는 건 그다지 힘든 일도 아니다. 반면 싸움에 능숙하지 않은 사람들이 미리 준비가 어느 정도 되어 있는 싸움쟁이들의 공격을 순간적으로 잘 방어하기란 정말 어렵다.

공격보다 더 어려운 방어를 효과적으로 해내기 위해선 무엇보다 지금 상대방이 은연중에 나에 대해 노리고 있는 목적이 무엇인지를 정확하게 파악하는 것이 정확한 대처의 첫걸음이 되게 된다.

공격자들의 노림수 6
상대방이 최대한 아프도록 후벼 파는 언어의 기술을 발휘하기

야구에선 똑같은 안타라고 해도 기왕이면 더 멀리 나아가는 장타, 홈런 등을 선수들이 선호한다. 타인을 공격하는 것도 마찬가지로 간교한 싸움쟁이라 함은 똑같은 공격도 더 아프고 치명적으로 해내는 사람을 의미한다. 상대의 아주 작은 잘못도 그게 무슨 엄청난 대역죄인처럼 포장을 해 상대를 괴롭게 만들어 낸다. 간단한 예를 들면, 똑같이 일을 잘못한 후배 사원을 질책할 때도, 최대한 상대방의 마음에 더 깊은 불쾌감을 주는 표현을 즐겨 쓰는 사람들이나, 정치권에서 상대 정당의 잘못을 최대한 큰 잘못처럼 부풀리기를 잘하는 대변인들이 있다.

기본적으로 이런 표현을 자주 쓰는 사람들은 크게

- 상대방의 불쾌감, 심적 고통을 느낄 수 있는 인지 능력이 떨어지는 경우
- 양심의 가책을 느끼는 뇌세포가 근본적으로 부재한 경우
- 남에게 영향력을 휘두르는 지배의 쾌감을 느끼는 경우

- 최대한 고통스럽게 말해줘야 훈육의 효과가 생긴다고 믿고 있는 경우
- 자기 자신도 그렇게 당하면서 살아왔기 때문에 그게 당연하다고 인식하는 경우
- 상대와 경쟁 관계에서 그를 최대한 깎아내려 상대적 상승효과를 보려는 경우

같은 경우다. 사실 유형 중 어느 것에 해당된다고 해도 구제불능인 건 똑같은데, 조직 생활을 하다 보면 너무도 흔히 만날 수 있는 인간 유형이다.

사회생활하면서 이런 유형의 사람을 한 번도 만나지 않기란 몹시 어렵다. 따라서 우리는 사회생활을 하면서 만나는 상대가 위 유형에 해당되는지 안 되는지 살펴볼 필요가 있으며, 그런 기미가 보이면 그와의 논쟁은 더 신경 써야 한다. 그리고 더 나아가, 그네들의 공격화법을 어느 정도 알고 있어야 그들의 공격에 적절히 대처하고 필요한 반격도 가해줄 수 있다. 그래야만 덜 스트레스 받으면서 깔끔한 사회생활을 해나갈 수 있게 된다.

공격자들의 노림수 7
상대방의 잘못, 오류를 최대한 잘 찾아내서 부각시키기

토론 승리의 기술 중에 가장 고급이라고 할 수 있는 것이 바로 이 상대방의 잘못, 오류를 찾아내거나 만들어 내거나, 그걸 부각시키는 기술이다. 이건 워낙 다양한 형태가 있기에 이 책 전반을 통해 짚어나가 볼 내용이다. 결국 사회생활에서의 싸움, 그 요체는 나의 잘못은 가능한 한 축소하거나 잘못이 아닌 걸로 만들고, 적수에게서는 최대한 잘못한 걸 끄집어내거나

잘못한 걸로 조작하여 그걸 부각시키는 것이다. 이걸 잘하고 거기에 더해 출세를 위한 자기정당성을 잘 부여해낸 이들이야말로 가장 상대하기 껄끄러운 인간상이라 할만 하다.

Plus tip 공격자들이 노리는 목표

1. 상대에게 망신 등 명예적 타격을 준다
2. 상대방에게 나쁜 이미지를 뒤집어씌운다
3. 정신적으로 흔들기
4. 논리적 공격
5. 당신이 좋지 않은 언행을 하도록 유도(함정전략)
6. 상대방의 약점을 최대한 아프게 후벼 파기
7. 상대방의 잘못을 만들어 내거나 부각시키는 능력

이와 같은 공격의 노림수를 달성해 나가는 과정은 음식을 요리하는 것과 흡사하다. 좋은 요리를 만드는 데 필요한 것은 아래 2가지 능력인데,

1. 좋은 재료를 찾아내는 '발견 능력'
2. 재료를 절절히 요리하는 '가공 능력'

이건 말의 싸움에서도 똑같이 적용된다. 상대를 깎아내리는 것뿐만 아니라, 나 자신을 띄울 때도 마찬가지인데 우선 목적을 잘 뒷받침할 수 있는

'소재, 포인트'를 찾는 것이 우선이고 그를 상황에 가장 잘 맞는 뉘앙스로 가공(호도)을 하면 된다. 이것이 바로 라이벌을 끌어내리고 자신을 돋보이게 하는데 능숙한 사회적 싸움쟁이들의 기본 역량이다.

이 책을 통해 당신은 그들의 스킬을 하나씩 익힐 수가 있게 된다. 이는 당신이 스스로를 덜 스트레스 받고 세련되게 지키는데 사용되어 질 수도 있고 부당한 악을 격퇴하는 데 활용할 수도 있다.

남에게 당하지 않기 위한 언쟁 유의 사항

그렇다면 남에게 당하지 않으며, 못된 의도를 가지고 나쁜 일을 꾸미는 사람에게 제대로 한 방 먹여줄 수 있는 토론 승리의 기술은 어떤 것들이 있는가? 이제부터 본격적인 기술에 대해 하나씩 짚어 나가볼 텐데, 그전에 남과 언쟁을 벌일 때 너무도 쉽게 당하는 사람들을 위해, 쉽게 당하지 않는 유의 사항 몇 가지부터 이야기해볼까 한다. 말로 하는 모든 싸움은 이 유의 사항을 지키면 못하면 굴욕을 당하게 된다. 이 원칙만 알고 있어도 멍청하게 당하는 일은 확 줄어든다.

① 선제공격의 필요성

- 상대방에게 데미지, 혹은 만회해야 할 실점을 먼저 안겨주고 시작해야 한다

앞서 선제공격, 소위 '선빵'을 먼저 날리는 게 압도적으로 유리하다는 말을 했었다. 실제 주먹 싸움에서도 상대가 싸움의 의사를 사전에 표현하지도 않고 비겁하게 갑자기 날린 주먹에 맞으면 혼란스러워지는데, 이건 정신적 싸움의 영역에서도 똑같은 것이다. 일본의 진주만 타격도 그랬듯 기습적인 선제공격의 효과는 모든 종류의 싸움에서 승리의 지름길이다. 사회생활 속에 단련된 비겁한 싸움쟁이들은 누구보다 이 사실을 잘 알고 있다. 그렇기에 그들은 예고 없이 날리는 기습 선빵을 아주 강력하게 날려대곤 한다. 이때 강력한 추궁, 위압적으로 겁박하는 목소리와 자세, 상대의 비위를 최대한 긁는 단어의 선택, 능글맞은 표정들은 부가적 선물세트다.

선제공격을 당하면 안 되는 가장 큰 이유는 당하게 되는 그 순간부터 싸움의 균형이 무너지기 때문이다. 머리에 크게 한방 얻어맞고 충격을 안고 싸워야 하는 권투 선수를 생각하면 이해하기가 쉽다. 예를 들어 학교 학부모 회의에서 당신의 아이가 왕따를 당한 부분에 대해 아래와 같이 항의했는데,

A 학부모 : 이번에야말로 우리 아이를 방과 후에도 끌고 다니며 집단 구타하고 돈을 갈취한 일진 아이들에 대해 강력히 처벌해 주십시오. 학교에서 매번 솜방망이 처벌을 하니까, 얘네들이 지난번 주의조치 이후에도 또 이러는 것 아닙니까? 오죽하면 애가 손목을 긋고 자살 시도를 했겠습니까? 이건 거의 살인에 가까운 짓입니다.

이에 대해서 잘못을 저지른 일진 아이의 학부모가 이런 식으로 인격 모욕적인 공격을 가해왔다 치자.

B 학부모 : 댁네 아이는 이전 초등학교 시절에도 애들 소문 들어보니 왕따를 늘 당해왔던 아이라고 하던데요. 여기서도 저기서도 가는 곳마다 왕따를 당한다는 건 그 아이 자체에도 문제가 있다는 얘기 아닌가요?

그리고 아이들이 걔 옆에 가면 제대로 안 씻어서 냄새나고 공부에 방해된다고도 하고요. 그리고 자살을 뭐 우리 아이가 하라고 시킨 건가요? 친구들끼리 지내다 보면 싸움도 할 수 있고 그런 건데, 유별나게 예민하게 반응해서 자살하는 건 그 아이가 너무 나약한 문제도 있다는 걸 아셔야 해요.

이렇게 무턱대고 당신의 자식에 대한 인격에 대한 공격부터 던진다면 어떨까? 이런 공격을 먼저 받게 되면 일단, 심리적 평정이 무너지고 화가 나거나 당황하기 십상이다. 마음의 평정을 유지하기가 쉽지 않다. 싸움쟁이들이 우리를 기습적으로 그러한 상황으로 몰아붙이기 전에 필요하다면 우리가 먼저 치고 나가는 방향도 적극적으로 고려해야만 한다.

일차적으로 먼저 공격을 당한 쪽은, 데미지를 받거나 신경 써야 할 요소가 하나 더 생기게 되는 셈인데, 위의 경우만 봐도 일단 처벌의 수준에 대한 논쟁과 아울러, 내 아이가 문제 있어서, 즉 왕따 당할만한 아이였다는 누명을 벗는 노력까지 2중으로 해야만 한다. 마치 다운 당한 복싱 선수는 상대 선수를 공격해야 하는 것뿐만 아니라 충격을 회복해야 하는 또 다른 과업을 짊어지고 싸우게 되는 것과 같은 이치다. 이 이치를 잘 알기에 교활한 싸움쟁이들은 반드시 싸움의 시작 시점에, 상대방에게 다양하게 흔들어 놓고 난 후 싸움에 들어가며, 그것이 그들의 높은 승률을 담보해주는 무기가 되어 준다.

② 부담을 뒤집어쓸 것 같은 요소가 느껴지면, 참전하지 말아야 한다

위에서 말한 '데미지'는 비단 망신을 주거나 조롱 공격을 먼저 가하는 것만 지칭하지는 않는다. 우리가 상대에게 날릴 수 있는 데미지 중 매우 유력한 것 중의 하나가 오명을 뒤집어쓰는 '부담'이다. 어떠한 형태가 되든 상대에게 오명에 대한 부담을 안겨주는 사람이 결국 최종에는 승리를 움켜잡게 된다. 이런 사례들이 우리 주변엔 종종 있다.

A 사원 : 이번에 기획팀에서 제안하신 ○○건설 수주 프로젝트에 대한 참여는, 재고해 볼 필요가 있습니다. 이런 낮은 가격으로 수주하게 되면, 기존 고객들의 불만이 생길 위험이 있고 향후 영업에도 지장을 미치게 됩니다. 올해 실적만 실적이 아니니까요.

B 팀장 : 다른 파트에서 거두는 성과에 대해 무조건 감정적인 색안경만 끼고 억지로 깎아내리려고만 하지 말고, 남의 영업력은 본받을 필요도 있어. 실적을 올려내는 그 능력을 말이야.

위의 B 과장 같은 케이스는 이 측면에서 선제공격을 던진 셈이 된다. 프로젝트 수주 가격의 적정성을 파고들려는 상대에게 한 마디로 "남 잘되는 꼴을 못 보는 못된 심보가 아니냐?"라는 뉘앙스의 오명을 뒤집어씌우는 것이다. 이와 비슷한 것이 회사의 정책이나 상사의 의견에 반대를 못하는 직장인들의 상황이다. 위로부터의 지시에 허점을 지적하는 순간 반항 분자, 말 안 듣는 사람의 오명을 뒤집어쓰게 되기 때문에 잘못된 걸 알면서도 직장인들이 찍소리도 못하는 것이다.

이처럼 상대 카운터 파트에 있는 사람에게 오명의 부담감에 대한 암시를 줘 놓으면, 향후 비판을 하려는 사람들에게 모두 일정한 부담을 안겨줄 수 있게 된다. 언쟁이 격렬히 붙는 순간에도 적절한 오명 씌우기를 주변 관람하는 갤러리들에게 적극 어필할 경우 상대는 자신의 의견을 펴기가 더욱 어려워진다. 아무리 합리적인 논거를 들이대도, 그 의도가 불순하게 취급받는 게 되기 때문이다. 이건 마치 모래주머니를 허벅지에 차고 축구 시합을 뛰는 것과 마찬가지 형태이다.

이 방법의 기본 원리는 상대방이 하는 주장이나 행동을 모두가 인정하는 보편적인 나쁜 인간상과 연결하는 발언을 하는 것이다. 그 구현 형태는 매우 다양한데, 사회적 싸움에 능숙한 사람들은 이처럼 상대방이 마음껏 활개칠 수 없도록 부담의 족쇄를 채우는 데에 능숙하다. 이것만 잘해놓으면 복잡하게 현안에 대해 연구할 필요 없이 손쉽게 승리를 거머쥘 수가 있다. 만일 당신도 누군가와 불가피하게 싸워야 하는 상황이 된다면, 일단 상대방을 먼저 공격해서 그 사람에게 더욱 다양한 테마의 부담을 지워주고 싸움을 시작해야 당신의 정의를 관철해 나가는 데 도움이 된다. 이 책을 통해 이 부담 주기 방법의 세부적인 사례와 그에 대한 파훼법도 알아봐 나갈 것이다.

③ 먼저 발언하지 마라

선제공격을 먼저 하는 건 매우 중요하다. 그러나 유의해야 할 점은 그게 먼저 말을 꺼내야 한다는 건 아니라는 점이다. 공격하는 것과 말을 하는 것은 전혀 다른 문제이다. 선제공격은 좋지만, 선제 발언은 나쁘다. 될 수 있으면 회의 석상 같은 곳에서도 제1번 타자로 발언하는 것은 피하자. 왜 그럴까?

아래의 예를 한 번 보자. 다수 고객을 상대해야 하는 인터넷 판매 사이트에 대해 클레임이 너무 많이 접수되어 회의가 열린 상황이다. 이때 CS 파트에 있던 직원이 시스템 쪽 담당자에게 먼저 아래처럼 불판을 토로했다.

CS 직원 : 우리 회사의 재구매 고객 처리 문제에 대한 정책 및 시스템은 정말 복잡합니다. 엉망이라는 불만이 늘 접수되고 있습니다.

시스템 직원 : 엉망이라니?! 선배들이 해놓은 일에 대해 뭐 말을 그따위로 하나? 같은 표현이라도 좀 순화해서 말하는 예의를 좀 갖추도록 하게. 그게 함께 조직생활을 하는 데 있어 기본이야. 일을 잘하고 못하고를 떠나서 기본이 안 된 사람이라는 말 듣지 않도록 조심하게.

위 사례에서도 CS 직원이 그냥 "고객 불만이 너무 많습니다."라는 정도로만 말했다면 상대를 몰아세우는데 아무 문제가 없었을 텐데, 괜스레 '엉망'이라는 단어를 꺼내는 바람에 그걸 꼬투리 잡혀 "건방지다, 예의 없다."

라는 전혀 다른 주제의 역공을 당하게 되었다. 능숙한 말싸움 꾼들은 한번 잡은 꼬투리를 쉽게 놓아주질 않고 눈덩이 굴리듯 굴려서 점점 더 큰 잘못으로 만들어 낸다.

이처럼 문제가 되는 사안에 대해 자신이 없어도 상대가 발언한 단어 하나만을 꼬투리 잡고 늘어지면 불리한 상황도 얼마든지 내게 유리하게 끌어오는 것이 가능하다. 일단 사안이 불리하다 싶으면 먼저 상대방에게 말을 자유롭게 하게 해놓고, 그 상대의 말에 대해 순수하게 어휘를 꼬투리 잡아 공격하는 방법도 취해볼 수 있다.

공격 중에서도 가장 쉬운 공격은 바로 상대의 말 중 특정 요소 하나만 찍어 내서 거기에다가 카운터 어택을 가하는 것이다. 사실 공격을 할 때 가장 난감한 것은 "대체 무엇을 공격해야 하는지."를 모르겠다는 것이다. 그럴 때는 상대방이 쓰는 단어 하나하나를 분절하여 세심히 귀 기울여 듣는 게 1차적인 방법이 된다. 일단 상대방이 자유롭게 말을 하도록 어느 정도 풀어놔 준 뒤, 상대의 말 중에 꼬투리 잡을 게 하나 보였다 싶으면 불도그처럼 그걸 물고 늘어지는 것이다.

④ 말은 적게 해라

- 최대한 압축시켜서 필수 요소만 말한다는 생각으로 발언한다

같은 맥락으로, 말을 질질 많이 하는 것도 절대 피해야 할 일이다. 싸움 와중에는 최대한 말을 단순하게 해야 한다. 건조하고 심심하다는 느낌이 들 정도로 요점만 추려서 이야기하는 게 좋다. 위 사례에서도 CS 담당자가 말을 먼저 하더라도 최대한 할 말만 팩트만 추려서 했다면 태도를 빌미 잡혀 쓸데없는 역공을 당하지는 않았을 것이다.

사람이 말을 먼저, 그것도 많이 하다 보면 그 안에 구멍이나 허점이 생기기가 십상이다. 많은 사람들이 말을 많이 하는 것과, 말을 잘하는 것을 혼동하곤 한다. 진짜 말을 잘하는 사람을 절대 말을 많이 하지 않는다. 불패를 자랑하는 논객들 역시 마찬가지다. 특히나, 말싸움에서 가장 최악의 상황은 내가 한 말이 나에게 비수로 되돌아올 때, 나의 말실수나 오류를 상대방에게 꼬투리 잡혔을 때이다. 내가 내뱉은 말이기 때문에 빼도 박도 못하고 당하게 된다.

그러나 말을 먼저 내뱉고, 그리고 많이 하고 싶은 것은 상당히 원초적인 인간의 본능이다. 특히 유려한 장광설로 많은 말을 해서 상대를 압도해 버리는 모습은 많은 사람들이 꿈꾸는 판타지긴 하지만, 실제 현실에선 그야말로 환상이다. 너무나도 유리한 상황, 다 잡은 게임을 단 한 개의 어휘를 잘못 말한 것으로 처참한 역선패를 당하는 경우가 오히려 월등히 많다. 유명 논객, 유명 정치인도 흔히 저지르는 오류이다. 그러므로 유명인일수록 "저 사람은 왜 저리 뻔한 이야기만 하는 거야? 또 저런 원론적인 말만 하는 건가? 지겹다!"라는 느낌을 주는 사람이 많은데, 사실 원론적인 이야기는 그나마 안전하기 때문에 어쩔 수 없는 부분이 있다. 그 사람들이라고 멋진 변설로 좌중을 휘어잡는 폼을 잡고 싶지 않은 게 아니나, 워낙 단어 1~2개 가지고 꼬투리를 잡아서 역적 패거리로 몰아붙이는 것이 우리나라 정치판이므로, 매사 말조심을 해야 할 필요성을 절감하게 된 것뿐이다. 정치인뿐 아니라 연예인, 방송인 등 유명인이 말 때문에 박살 난 건 대부분은 말의 전반적인 취지 때문이 아니라 오직 단어 하나 때문에 그 꼴이 났다는 걸 기억해야 한다.

⑤ 꼭 논리와 논거가 전부는 아니다
- 상대를 이기기 위해 이용할 수 있는 것은 논리, 논거 말고도 무궁무진하다

토론, 언쟁 등 각종 말싸움은 물론 말이 가장 중요한 싸움의 도구인 것은 맞지만, 그렇다고 말이 전부는 아니다. 경우에 따라선 말이 승패에 영향을 안 끼칠 수도 있다. 예를 들어 군대 상관과 후임 병사가 언쟁을 벌인다면, 말을 잘하고 못하고는 거의 중요하지 않다. 권력 관계상 게임이 안 되기 때문이다. TV 토론이 아닌 실제 실생활에서 사실 대등한 상황에서 평등하게 펼쳐지는 말싸움은 거의 전무하다고 해도 과언은 아니다.

또, 상대방에게 압박을 주는 무언의 도구는 꼭 이런 지위 고하나 권력의 차이만 있는 것은 아니다. 사회적 싸움에 능란한 싸움쟁이들은 주먹, 발길질 등 불법적인 폭력을 제외한 거의 모든 수단을 동원해 상대방에게 심리적인 압박을 가한다. 그 대표적인 것이 바로 보복에 대한 '예기 불안'을 조성해서 상대의 마음에 불안감을 고양시키는 위협이다. 조직폭력배들은 빌린 돈 받아 낼 때, "창자를 꺼내 버린다, 시멘트에 묶어서 바다에 빠뜨린다." 등등 신체적 위협을 예상하게 만드는 화술로 마음을 약하게 만드는데, 이런 신체적 위협이 아니라 사회적 위협을 교묘하게 잘 써가며 상대에게 예기 불안을 조성시켜 말싸움을 승리로 이끄는 교활한 싸움쟁이들이 이 세상엔 많다. 예를 들어 이런 경우가 있다.

A직원 : 이번 신규 사업건 계약에서 ○○상사에 내어주게 되는 프리미엄 수수료가 너무 큽니다. 이런 불평등 계약을 굳이 감내해야 할

이유가 있습니까? 다시 한 번 더 신중히 재고해볼 필요가 있습니다.

B 팀장 : 만일 그랬다가 경쟁사인 C사에 빼앗기고 그쪽에서 크게 성과를 거두면 그 뒤 책임은 자네가 지는 거지?

아주 간단한 대화지만 시사점이 있다. 여기서 B 팀장은 이번 계약의 공정성 여부를 논리로 힘겹게 다투는 게 아니라 아직 벌어지지도 않는 일에 대해 상대방에게 책임의 부담을 묘하게 뒤집어씌움으로써 판을 유리하게 끌려 하고 있다. A 직원이 발언이 틀렸다는 걸 힘들게 증명할 필요 없이 간단한 가정 하나로 상대를 손쉽게 공격하고 있다. 흔히 토론을 논리력, 혹은 논거력의 싸움이라고 하는데 그건 몹시 단순한 생각이며, 실제로는 논리가 부족해도 얼마든지 쉽게 언쟁을 만들어 나갈 방법이 많다.

이런 싸움쟁이들이 가지는 교활함의 구체적 실체는 역시 '이용'의 기술이다. 어떤 주제로 싸움이 붙었을 때, 해당 사안이 맞느냐 틀리느냐에만 시야를 좁히는 게 아니라, 상대방과 나 사이에 존재하는 모든 존재들로 시야를 넓히는 것이다. 이를 통해 상대방의 마음에 '예기불안'을 조성시키거나, 필요 이상의 고민, 갈등을 던져줌으로써 승리를 움켜잡는다. 이 책은 그런 그네들의 치하한 공격법을 하나씩 들춰나가 볼 것이다.

⑥ 충분히 사전에 생각해보지 않은 테마에는 뛰어들지 않는다

- 역반론에 대한 재반론을 생각해 본 적이 없는 싸움에는 참전하지 마라

인터넷에서 흔히 하는 말로 일방적으로 패배당하는 걸 '관광' 당한다고 하는데, 말싸움에 있어 관광을 당하는 건 백이면 백, 잘 모르는 주제에 멋모르고 뛰어들었다가 당하는 것이다. 충분히 사전에 나의 주장에 대해 예상 가능한 반론들에 받아칠 수 있는 역반론을 생각해본 적이 없는 주제라면 가급적 뛰어들지 않는 게 좋다.

다만, 부득이하게 잘 모르는 주제임에도 휩쓸려 언쟁을 하게 되는 경우도 있다. 이런 경우에 대한 대비책 역시 이 책에서 다룰 것이나, 가급적이면 내가 깊이 아는 주제로 상대방을 꾀어서 끌어들여 격퇴하는 것이 바람직한 길임은 두말할 나위가 없다. 참전하려면 최소한 아래의 2개 조건은 충족되었을 때 뛰어들도록 하자.

plus tip

1. 나에 대한 반론을 받아칠 수 있는 역반론을 가지고 있지 않다면 언쟁에 뛰어들지 말아라
2. 결국 언쟁의 승패는 역반론을 가지고 있느냐, 아니냐로 결정된다 ⇨ 역반론을 만드는 게 승패의 핵심이다

위에서 언급된 유의 사항은 논쟁이나 토론 등 모든 말로 하는 싸움에 있어 순진하게 생각하는 사람들이 놓치기 쉬운 대표적 케이스다. 별로 박식하지도 않은데 말싸움만 하면 늘 상대방을 쩔쩔매게 만들고 실리를 챙기는 싸움쟁이들의 경우 이 원리를 조금 더 잘 알고, 더 자주 적용해 본 사람일 뿐이다. 물론 이 원리들을 더 디테일하게 구현할 수 있는 기술을 갖추면

더 무서울 것이 없어지게 된다.

⑦ 싸움에서 가장 중요한 것은 주변 형세파악이다

경험 부족한 사람이 제일 쉽게 저지르는 실수가 논쟁 기술만 갈고 닦으면 싸움이 잘된다고 생각하는 점이다. 그러나 나 자신의 실력과 아울러 그에 못지않게 중요한 것 중 하나가 바로 형세파악이다. 형세파악이란 크게 2가지로 볼 수 있는데,

1. 이 사안이 내가 이길만한가 아니면 어려운가를 파악하는 게 하나,
2. 지금 싸움에 얽혀 있는 사람들 중 나의 편은 얼마나 되는가를 따지는 게 또 다른 하나이다.

둘 다 중요하지만, 더 중요한 건 두 번째다.

우리가 늘 잊지 말아야 할 사실은 싸움은 절대 나 혼자 하는 게 아니라는 점이다. 대부분의 경우 내 편이 얼마나 많은가, 상대편이 얼마나 적은가라는 게 승부를 가르는 최고의 열쇠가 된다.

우리가 살면서 생활에서 벌이는 대부분 언쟁의 승패는 논리, 논기, 설득력, 이런 것 따위는 보단, 결국 지지하는 사람 쪽수가 많은 편이 이기는 걸로 귀결이 되곤 한다. 일단 싸움을 벌이기 전에 반드시 지금 이 자리에서 같이 있는 사람들 중 나를 지지하는 사람의 숫자와 비율을 따지는 게 가장 급선무다.

Plus tip

싸움을 걸기 전에 반드시 주변 인물들의 나에 대한 호감도를 파악해라

지금 이 자리에 함께 하고 있는 인물들의 나에 대한 호감도를 파악할 때는 지나치게 낙관적으로 예상하게 되는 것은 금물이다. 특히 아래 사항을 반드시 새겨두자.

1. 확실한 동지가 되어 내 편을 들어줄 사람이 옆에 있지 않다면 가급적 싸우지 마라.
2. 내 편의 숫자가 많을 때, 혹은 집단 내 가장 강력한 권력을 가진 사람이 내 편일 때 싸움을 벌이자.
3. 후일을 도모하는 건 절대 패배가 아니다.
4. 확답을 듣지 않은 이상, 그 누군가가 내 편을 들어줄 것이라 절대 생각하지 마라.

⑧ 더러운 주제에는 발은 담그지 마라. 그건 비겁한 게 아니다

다른 나라는 잘 모르겠고 한국사회에는 의견이 다른 사람과 말을 섞는 자체가 더러운 주제가 있다. 정치문제, 남녀 갈등 등. 물론 이외에도 자기가 소속된 집단 내에서 말하기가 참으로 더러운 주제들이 있다. 때로 순수한 사람들은 이런 주제들을 외면하는 것에서 비겁한 사람이 되는 것 같은 죄책감을 느끼는 이들도 있다. 내 생각은 전혀 그럴 필요가 없다는 것이다. 어차피 더럽게 서로 욕해대고 욕먹는 주제에 대해서는 아무리 옳고 명확한 논리를 펼쳐도 그게 세상을 바꾸는데 그다지 도움이 되지를 못한다. 군대가 더 힘드냐? 출산이 더 힘드냐? 같은 말 같지도 않은 주제에 뛰어들어서 무엇할까? 그런 더러운 사안일수록 말보다는 무언가의 다른 도구를 활용해야만 한다. 깨끗이 미련을 버리자. 더욱 깔끔하게 당신의 인품과 실력을 발휘할 주제를 기다리는 게 좋다. 기다리는 건 절대 패배가 아니다.

⑨ 결국은 자료 준비 많이 하는 사람이 유리하다

너무나 기본적인 이야기겠지만 동시에 너무나 핵심적인 말이라서 안 할 수가 없다. 우리는 흔히 어떤 사람이 논쟁에서 멋진 퍼포먼스를 보이면, 그 사람의 재능에 감탄하곤 하지만 그 자신이 티를 안 내서 그렇게 보일 뿐 보이지 않는 곳에서 남을 격파할 자신만의 논리와 논거를 만드는데 철저히 고심한 경우가 대부분이다. 일상생활에서 우리는 언제 논쟁의 싸움에 뛰어들지 모른다. 자신의 생각이 확고한 분야라면, 미리부터 상대 측의 논거와 그에 대한 카운터 논거를 글로 써가면서 분석 정리를 해두자. 그걸 하기 위해선 나의 사회생활을 둘러싸고 있는, 나와 관계가 있는 이슈들을 미리 파악하고 있어야 할 것이다. 결국 자료 준비 열심히 하는 놈은 못 당한다.

⑩ 상대방의 약점을 관찰하려는 마음가짐을 먹으면, 당황과 두려움이 줄어든다

정신의 싸움인 언쟁에서 지식도 지식이지만 심리 상태가 매우 중요하다. 마음 평정을 유지하는 것의 중요함이야 살면서 수천 번도 넘게 들었을 것인데, 문제는 그걸 어떻게 이루느냐 하는 점이다. 마음의 평정을 만드는데 중요한 기술 하나가 바로 방어적 태도가 되지 않는 것이다. 말싸움에서 공격자와 방어자 중 공격자의 승률이 압도적으로 높은 이유도 여기에 있다. 공격자는 상대가 방심한 틈을 타서 갑자기 폭격을 퍼붓게 되는데 일단 이 세상 모든 인간은 본인이 공격을 받는다고 인식하는 순간 맥박이 빨라지고 급격히 당황하게 마련이다. 이른바 방어가 불러일으키는 본능이다.

그러나 당황을 했다는 모습이 보이면 갤러리들에게 있어선 그것 자체가 패배의 시그널로 보일 수가 있다. 설사 상대에게 먼저 공격을 당했다고 하더라도 그에 대한 방어나 변명을 찾으려는 반사적 사고 패턴에 제동을 걸고, 역으로 상대가 잘못한 점, 상대의 약점이 뭔지 찾으려는 공격적 태도를 보이면 이전보단 당황이 빠르게 진정되는 것을 느낄 수가 있다. 공격을 당했을 때는 반드시 역공해야겠다고 생각하자. 그것이 순간적 당황을 줄일 수 있는 제일 좋은 첩경이다.

이때 상대의 약점을 바로 짚어낼 수 있는 사전 지식이 있다면 더욱 큰 도움이 됨은 두말할 나위가 없다. 이제 이 책에서 그걸 배워 나갈 것이다.

⑪ 상대방의 얼굴에 신경을 쓰지 마라. 중요한 건 갤러리다

언쟁할 때 생기게 되는 여러 가지 심리적 변화들이 있다. 흥분, 당황, 긴장, 떨림, 분노 등이 생기는데, 이런 감정이 예측하지 못한 상태에서 갑자기 치밀고 올라올 때 실책이 발생하게 된다. 그런데 이러한 급격한 감정의 변화는 예상치 못한 상대방 말의 내용이나 태도를 통해 생기게 된다. 때론 아주 훌륭한 지적 수준을 가진 사람이라도 상대의 어투와 표정, 기 싸움에 말려서 제 페이스를 잃는 경우도 있다. 싸움에 익숙한 독사 같은 사람들이 쓰는 상대를 골려 먹는 무기는 비단 말의 내용에만 있지 않다.

상대의 어투와 표정에 감정에 흔들리지 않기 위해서는 일단, 내 앞에 있는 적수가 나를 열 받게 하려고, 당황하게 하려고 애쓰고 있다는 사실을 직시할 필요가 있다. 보통, 하수는 열 받고, 고수는 열 받게 하는데, 상대가 나를 열 받게 하거나 위축시키려고 자극하는 건 지극히 당연한 일이라는 것이다. 따라서 언쟁 시 상대방의 일거수일투족에 민감하게 반응하는 건 몹시 어리석은 일이다. 그냥 상대방이 앞에서 무슨 생쇼를 하건 나는 내가 해야 할 이야기를 잘 정리하는 게 우선이다.

오히려 상대가 나를 열 받게 하려는 조롱과 비아냥의 표정 등을 보이면 그건 긍정적 시그널로 받아들일 필요가 있다. 일단 본인이 내용 면에서 패색이 짙어서 도발하는 것일 가능성도 있는데 이 경우는 내게 승리가 가까워져 오고 있다는 이야기이기 때문에 꽤 긍정적인 일이다.

또 정말로 상대방에게 조롱을 받을 만한 오류나 실수를 저질렀다고 하더라도 상대가 비아냥과 조롱을 보내올 때 패배감에 젖지 말고 그걸 역으로 이용할 생각을 해야 한다. 승리와 패배는 늘 서로 자리를 바꿔치기하는 변덕스런 존재들이기 때문에 어떤 상황에서도 포기하면 안 된다. 상대에게 나의 잘못으로 조롱을 받았다고 해도 그것을 공격의 빌미로 활용하는 방법도 있다. 상대방이 나에 대해 모욕적인 언사를 취할 때, 그걸로 상대의 태도를 문제 삼아 갤러리에게 호소하는 등의 방법을 취하는 것이다.

어차피 승부에서 중요한 것은 갤러리다. 상대방을 말로 설득하거나 감복시킨다는 건 현실에서는 거의 일어나기 어려운 판타지에 가깝다. 결국 타깃이 되어야 하는 것은, 상대방이 아닌 제삼자며 따라서, 토론할 때는 상대방의 얼굴이 아닌, 갤러리의 얼굴에 말한다는 생각을 가져야 한다. 상대방은 나에 대한 증오, 냉소, 외면 등 절대 좋지 않은 표정을 가득히 담고 나를 쳐다볼 것이며, 그건 물이 위에서 아래로 흐르는 것처럼 지극히 당연한 일이다.

⑫ 이 3가지 방심을 조심해야 한다

뻔한 얘기지만 정말 중요하다. 방심하면 안 된다는 걸 알면서도 방심하고 마는 게 인간이다. 흔하지만 세계 최고 수준의 스포츠 선수들도 곧잘 걸리게 되는 함정이다. 언쟁에서의 방심은 크게 3가지이다. 이 방심의 세부 종류를 잘 기억해 둘 필요가 있다.

1. 상대방의 성격에 대한 방심

→ 상대방이 나를 공격하지 않을 성격의 사람이란 생각을 절대 해선 안 된다. 특히 직장 조직 생활에선 "남을 깎아내리면 나의 등수가 무조건 1등이 올라가는 것"이라고 생각하는 사람이 많다. 선량하게 웃는 얼굴을 보이다가도 얼마든지 가차없는 공격을 하는 사람이 많다. 웃는 얼굴로 절대 마음을 놓지 말아야 한다. 절대 선불리 상대를 착한 사람이라고 예단하지 마라. 상대를 나쁜 놈이라고 예단하는 건 큰 피해가 없지만, 착한 사람이라 예단하는 건 피해를 부를 수 있다.

대단히 아쉬운 사실 하나는 진짜 착한 사람들이 자신 외의 남도 착한 사람일 거라 쉽게 예단한다는 점이다. 그래서 사기 사건도 자주 발생한다. 역으로 더러운 성격의 소유자는 자신 외의 사람들에 대해 나쁜 놈이라고 쉽게 예단을 하기 때문에 욕을 먹을지언정 사기는 잘 안 당한다.

2. 상대방의 능력에 대한 방심

→ 사자도 토끼를 잡을 때 전력을 다한다. 자기보다 훨씬 연약한 종한테도 그 노력을 하는데, 하물며 우리는 다 같은 '인간'이라는 종이다. 아무리 어설퍼 보이는 사람이라도 최선을 다하지 않으면 진다.

3. 상대방의 준비 정도에 대한 방심

→ 결국 자료 준비 많이 하는 사람이 유리해지게 되는 건 당연한 원리인데, 상대방의 자료 준비와 노력을 절대 축소 예상해서는 안 된다. 상대방의 준비 정도는 아무리 과대 예상해도 지나침이 없다. 조금이라도 찝찝한 건 다 철저히 준비 리스트에 포함해야 한다.

지금까지 살펴본 이 12개의 사항은 이른바 패배를 부르는 태도에 대한 부분이다. 이 사항들만 잘 유의해도 터무니없이 멍청한 패배를 당하는 일은 줄일 수 있다. 하지만 우리가 사회생활을 하다 보면 단지 패하지 않는 것만 가지고는 살아갈 수가 없다. 우리의 정당한 권리를 위해 반드시 상대를 물리쳐야 하는 때가 온다. 그러나 그럴 때 우리는 종종 당황하고 답답하고 무언가 안 풀리는 느낌을 강하게 받게 된다. 그 가장 큰 이유는 역시 공격의 원리를 명확하게 모르고 있기 때문이다. 지금부터 본격적인 공격의 방법을 살펴보자.

summary noet

남에게 당하지 않기 위한 언쟁 유의 사항

1. 선제공격의 필요성 - 상대방에게 데미지, 혹은 만회해야 할 실점을 먼저 안겨주고 시작해야 한다.
2. 부담을 뒤집어쓸 것 같은 요소가 느껴지면, 참전하지 말아야 한다.
3. 먼저 발언하지 마라.
4. 말은 적게 해라. - 최대한 압축시켜서 필수 요소만 말한다는 생각으로 발언한다.
5. 꼭 논리와 논거가 전부는 아니다. - 상대를 이기기 위해 이용할 수 있는 것은 논리, 논거 말고도 무궁무진하다.
6. 충분히 사전에 생각해보지 않은 테마에는 뛰어들지 않는다. - 역반론에 대한 재반론을 생각해 본 적이 없는 싸움에는 참전하지 마라.
7. 싸움에서 가장 중요한 것은 주변 형세파악이다.
8. 더러운 주제에는 발은 담그지 마라. 그건 비겁한 게 아니다.
9. 결국은 자료 준비 많이 하는 사람이 유리하다.
10. 상대방의 약점을 관찰하려는 마음가짐을 먹으면, 당황과 두려움이 줄어든다.
11. 상대방의 얼굴에 신경을 쓰지 마라. 중요한 건 갤러리다.
12. 3가지 방심을 조심해야 한다.
    ① 상대방의 성격에 대한 방심
    ② 상대방의 능력에 대한 방심
    ③ 상대방의 준비 정도에 대한 방심

모르면 굴욕을 겪게 되는 가장 기본적 공격 원리

원리를 모르면 당황과 굴욕밖엔 얻을 게 없다

그렇다면 말로 하는 공방에서 가장 기본적인 원리는 무엇인가? 크게는 이 2가지다. 이에 대해 제대로 숙지하고 있다면 언쟁이 붙었을 시 손쉽게 상대방에게 굴욕을 선사할 수 있고 반면 모를 때는 순간적으로 최선의 대처를 못하고 속속들이 당하게 된다.

첫째는 상대방, 혹은 상대방이 한 말이 잘못되었다는 것을 직접적으로 증명하는 것이다. 이걸 편의상 직접 비판이라고 하자. 이 <직접 비판>은 크게,

1. 상대방의 말이 틀렸다는 것을 입증하는 것

2. 상대방의 말이 옳지 않다는 것을 입증하는 것

이 2가지 방식으로 나뉜다. 이 2가지가 똑같지 않으냐고 볼 수 있지만, 전혀 그렇지 않다. 이 중에 1번이 훨씬 어렵다. 언쟁을 벌일 때도 상대방 말이 틀렸다고 이야기하려면 난맥에 빠지지만, "옳은 것은 확실하게 증명해 주시오."라고 요구하기는 쉽다. 뒤에서 더 자세히 다루겠지만 '요구'야 말로 논쟁 승리의 가장 쉬운 방법이다.

다만, 직접 비판은 해당 주제에 대해 어느 정도 깊이 있는 지식이 필요한 때가 많은데, 해당 주제에 대해 깊은 지식이 없어도 가능한 비판이 있으니 바로 소개할 유인 비판이다.

입증의 부담이 적어 누구나 쉽게 할 수 있는 <유인 비판>의 원리

여기서 말하는 유인이란 누군가를 유인한다, 라고 말할 때의 그 유인이다. 즉 끌어들인다는 것이다. 이것은 원리는 간단하다. 대부분의 사람들이 보편적으로 나쁘다고 인식하고 있는 대상과 공격해야 할 상대방의 인격 그 자체, 혹은 그가 내세우는 주장이나 행위를 일치시키는 것이다. 아주 간단한 예를 들어보자. 단순하지만 원래 원리를 배울 때는 쉬운 예시가 더 낫다.

A 학부모 : 어떻게 아이를 팔이 부러지도록 폭력을 가할 수가 있나? 이런 짓을 버젓이 행한 아이의 학부모는 치료비는 물론 정신적 피해 보상도 명백히 해야 한다. 또 가해자 아이는 강한 처벌을 받아야 한다.

B 학부모 : 남자애들끼리 지내다 보면 싸움도 날 수 있고 한 거지, 그걸 갖고 유별나게 애들 싸울 때마다 일일이 정신적 피해 보상까지 물라고 하면 이 나라 학교에선 매일 같이 정신적 보상해줘야 할 것이다. 요새 학교 폭력이 문제라고 하니 기회만 되면 돈 뜯어내려는 왕따 학부모들도 있다더라. 완전 자해공갈단 저리 가라다.
그리고 싸움이 벌어진 게 어디 우리 아이만의 책임인가? 그쪽 아이도 우리 아이랑 같이 싸운 것이다. 쌍방 과실이다. 역으로 운이 나빴으면 우리 아이가 크게 다칠 수도 있는 부분이었다.

사람을 때려서 팔을 부러뜨렸는데 대체 무슨 할 말이 있을까 싶지만, 실제로 보면 왕따로 아이를 자살하게 하였는데도 우리 아이 잘못만 있는 게 아니라 자살한 애가 나약해서 그런 거라고 생떼를 쓰는 학부모도 실제로 있다. 세상엔 자신의 이기적 목적을 위해 말도 안 되는 터무니없는 말을 늘어놓는 인간이 얼마든지 있는 법이다

여기서 B 학부모는 A 학부모의 말에 대해 직접 비판을 가하기는 어렵다. 때려서 부상을 입힌 건 아무리 봐도 잘못인 게 맞고 잘못을 하면 처벌받아야 하는 게 당연지사다. 그럼에도 불구하고 B 학부모는 뭐 잘났다고 나름 말을 만들어서 항변을 해내고 있다.

기본적 패턴은 사람들이 보편적으로 나쁘다고 인식하고 있는 대상과 공격해야 할 상대방의 인격 그 자체, 혹은 그가 내세우는 주장이나 행위를 일치시키는 것이다. 상대의 말이 잘못되었다는 걸 직접 비판하는 게 아니라 대부분 사람들이 나쁘다고 인정하는 하나의 개념에 대해 상대를 끼워 맞추는 것이다. 위의 예에서는 대부분 사람들이 보편적으로 싫어하는 단어인, <유별나게, 예민하게 군다, 자해공갈단> 등의 단어로 상대방을 부정한 이미지 틀에 끼워 맞춰, 가해자로서 논리적 정당성이 약함에도 비판의 코멘트를 완성할 수 있었다.

실제로 이 세상이 논리나 명확한 과학적 근거만으로 돌아가지 않는다는 걸 우린 잘 알고 있다. 방귀 뀐 놈이 성낸다라는 속담은 비논리가 논리를 제압하는 부당한 역전이 판치는 이 세상을 너무나 잘 나타내는 말이다.

다만, 이렇게 상대방의 인격이나 주장을 누구나 싫어하고 나쁘다고 생각하는 것에 끼워 맞추기 위해서는 그를 위한 단계적 끌어들임이 필요하다. 단계를 밟지 않고 갑자기 한 방에 상대방을 악(惡)의 프레임에 가둬버리기란 어렵다.

실질적으로 우리네 일상은 물론이고 심지어 대학교수급이 판치는 TV 정책 토론 같은 곳에서도, 더 많이 난무하는 것은 정당한 직접 비판이 아니라 아비한 술책이라고 할 수 있는 유인 비판들이다.

위의 B의 코멘트를 보면 간단한 발언이긴 하지만, 유인 비판에서 필요한 각 단계적 요소들을 살펴볼 수가 있다. 이 단계들이 무엇인지 자세히 알아보자.

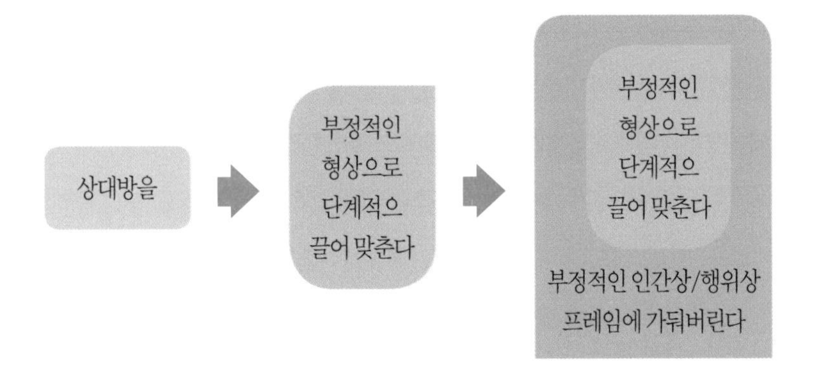

1단계 : 상대의 발언이나 주장을 살짝살짝 변형시키기

유인 비판을 제대로 해내기 위한 첫 번째 단계는 상대의 말을 살짝살짝 변형시키는 것이다. 최종적인 목적은 상대를 나쁜 놈, 상대의 의견을 멍청하거나 나쁜 것의 틀에 가둬버리는 것이지만 그걸 한방에 해내긴 어렵다. 상대를 궁지에 몰아넣기 위해서는 단계를 밟아야 한다. 한 방에 상대를 쓰러뜨리려고 하니까 어렵게 느껴지는 것이다. 이 서두름에 쫓기기 때문에 막상 싸움할 때 적절한 코멘트가 터져 나오지 않게 된다. 그러나 노련한 싸움꾼들은 천천히 돌아서 들어가는 방법을 안다. 그리고 그건 그렇게 길게 돌아가는 길이 아니다. 바둑을 둘 때 단 1수로 상대를 이길 수는 없다. 적게는 수십수, 많게는 몇백 수를 놓아야 한다. 한 방에 쓰러뜨리려고만 하지 말고, 천천히 잠재적 수단을 하나씩 다져나간다는 생각으로 만들어 가면 된다.

위에서도 보면 B는 간단한 코멘트 안에서도 단계를 밟아나가고 있다. 그걸 인지해서 하지는 않았다 하더라도 말이다.

첫 번째 변형은 '유별나게'라는 단어이다. 폭행 피해자가 보상해 달라고 하는 게 비정상적인 게 절대 아니지만, 그러나 B는 상대의 입장이 보편성과 일반성에서 멀리 떨어진 과민반응이라고 덧칠하고 있다. 두 번째 변형은 '자해공갈단'이라는 단어다. 이건 상대방의 인격 자체에 새로운 단어를 매칭시켜서 변형을 가하는 것이다.(상대 학부모 = 자해 공갈단과 동일화 이미지 작업) 이렇게 상대의 캐릭터와 말을 나쁜 것으로 왜곡 변형시키는 절차를 밟는 단계를 거침으로써, 내가 원하는 틀에 상대방을 가두어 나갈 수가 있게 된다. 야생 동물을 잡기 위해 몰이꾼들이 몰아나가는 것을 연상하면 된다.

실제로 위의 A, B 대화는 단순해 보이지만 국내 최고 위치의 정치인이나 대학교수들 역시 TV에서 벌이는 토론을 보면 이 수준의 틀에서 거의 벗어나지를 않는다. 아래 예를 보자.

[대학생들의 잇따른 시국 선언에 대한 토론]

A : 공부에 전념해야 할 학생들이 정치 놀음에 휘둘려 자신의 본분을 잊고 있습니다. 학생신분에 어울리지 않는 정치 놀음에 끼려고 들지 말고, 본분인 학업에나 전념해야 할 것입니다.

B : 사회 무관심 속에 빠져 있던 젊은 층들이 이제야 사회 문제에 관심을 두고 우리 사회의 일원이 되어가고 있는 것 같아 기쁩니다. 젊은이들의 사회 참여 대환영입니다!

똑같은 사안에 대해 A는 정치놀음이라고 했고, B는 사회참여라고 한다.

자신의 목적에 유리하게 상황을 만들어 가기 위해 전혀 다르게 변형을 시켜 정의하고 있는 모습이다.

각각이 입장에서 보면 A 교수가 무조건, "대학생들의 시국 선언은 나쁘다."라고만 이야기하면 그 발언의 효과가 미약하다. 그러나 중간에 대학생 시국선언을 정치 놀음이라고 변형을 해주었기 때문에 공격 멘트의 성립이 가능해지는 것이다.

대학생들의 시국 선언은 →나쁘다(×)

대학생들의 시국 선언은 → 정치 놀음이라서 → 나쁘다(○)

이 변형작업 없이 공격하려고 하기 때문에 우리는 공격이 어렵다고 느끼게 된다. 능숙한 싸움쟁이들이 가장 잘해내는 것이 바로 이거다. 따지고 보면 굉장히 유치한 방법 같지만, 고위직 관료든 정치인이든 교수든 그들이 벌이는 논쟁 레벨이란 게 대부분 이런 수준에서 벌어지고 있다.

2단계 : 상대를 보편적 악(惡)의 프레임에 가둔다

이렇게 상대의 말, 혹은 캐릭터에서 트집을 잡아 나쁜 것으로 변형을 시키고 최종적으로 상대방을 부정적 인간상의 프레임에 가둬 버린다. 처음 예를 들었던 학교 폭력 언쟁에서 보면 가해자 학부모가 사용한 최종적인 틀은 <자해공갈단>이다. 교활한 공격자들이 가지고 있는 것이 바로 상대방을 악한 인간상의 틀로 몰아넣는 기술이다. 이걸 하느냐 못하느냐가 공격 능력을 갖추었느냐 아니냐를 판가름한다.

상대를 가둬버릴 만한 부정적 인간상은 무수하게 많다. 사기꾼, 수전노, 불평불만자, 무능한 인간 등등 이루 말로 할 수 없게 많을 것이다. 이 부정적인 인간상에 상대방을 끼워 맞춘다. 비유하자면 붕어빵을 만드는 것과 같다고 보면 된다. 붕어빵을 만들려면 그 재료를 틀에 넣고 구워서 찍어내면 된다. 타인에 대한 공격도 이와 같다. 타인이 가지고 있는 요소, 즉 그 사람의 언행과 인격 중에 공격할 만한 요소를 재료로 추출하여, 그걸 대부분 사람들이 보편적으로 나쁘다고 생각하는 악하고 더러운 것에 끼워 맞춘다. 즉, 부정적 인간상을 지칭하는 언어 표현들 중, 상대방에게 가장 어울리고 그래서 쉽게 떼어낼 수 없으며, 그로인해 상대에게 가장 큰 명예적 타격을 줄 수 있는 것을 골라 뒤집어씌운다. 이게 공격이다. 만일 당신이 공격해서 퇴치하고 싶은 사람이 있다면 그의 평상시 언행과 캐릭터를 잘 분석해서 부정적 인간상 중 어떤 것에 끼워 맞추면 좋을지 반드시 평소에 연구를 해두어야 한다. 어떤 현안이나 이슈에 대한 토론도 마찬가지다. 당신이 지지하는 쪽 반대파들에게 덮어씌울 만한 부정적 인간상을 잘 고안하여 모포말이 하듯 뒤집어씌울 방법을 고안하면 된다.

상대방을 부정의 프레임에 잘 가두기 위해 우리가 잘 알아야 하는 것은 바로 다양한 개념 어휘다. 사람들이 싫어하는, 혐오하는 대상을 지칭하는 개념어들이 있는데 개중에 엄한 사람에게 누명을 뒤집어씌울 때 특히 유용한 어휘들이 많이 있다. 싸움에 능숙한 소시오패스들은 유별나게 이런 어휘들을 잘 알고 있고, 필요한 경우 재빨리 꺼내 상대에게 뒤집어씌울 줄을 안다. 그를 받아치기 위해선 우리는 남을 공격할 때 잘 사용되는 어휘와 그 함정에서 빠져나가고 상대를 역공할 수 있는 개념어들을 잘 알아두어야 한다.

이 책을 통해 공격용, 반격용, 회피용으로 잘 사용될 수 있는 개념어들을 하나씩 익혀나갈 수 있게 될 것이다.

당연한 이야기지만 이에 대한 상대방에게 오명, 누명을 덮어씌우는 것에만 활용되는 것이 아니다. 오히려, 잘못한 사람이, 온당히 뒤집어써야 할 정당한 이미지를 잘 찾아주는 진실 추구의 목적으로도 얼마든지 활용될 수가 있으며, 동시에 부당하게 뒤집어 씌워진 오명을 유효 적절하게 벗어던지는데 도움을 줄 수도 있다. 따라서 무조건 부정적으로만 볼 것이 아니기에 이에 대한 세부적인 방법들을 하나씩 살펴봐 나가기로 하자.

summary noet

입증의 부담이 적어 누구나 쉽게 할 수 있는 〈유인 비판〉의 원리

1단계 : 상대의 발언이나 주장을 살짝살짝 변형시키기

최종적인 목적은 상대를 나쁜 놈, 상대의 의견을 멍청하거나 나쁜 것의 틀에 가둬 버리는 것이지만 그걸 한방에 해내긴 어렵다. 상대를 궁지에 몰아넣기 위해서는 단계를 밟아야 한다.

2단계 : 상대를 보편적 악(惡)의 프레임에 가둔다

이렇게 상대의 말, 혹은 캐릭터에서 트집을 잡아 나쁜 것으로 변형을 시키고 최종적으로 상대방을 부정적 인간상의 프레임에 가둬 버린다.

역할 점유! 이것만 잘해도 승리의 절반은 내 것

앞서 살펴본 사회생활 내의 기본 공격 원리, 이 원리를 실체화시킨 가장 기본적인 전술을 우선 이번 챕터에서 살펴볼까 한다. 인간 사이에서 벌어지는 관계적 싸움, 모든 류의 언쟁에서 가장 기본적인 전술은 무엇인가? 나는 역시 이걸 꼽는다.

역할 점유, 역할 구도가 승패의 대부분을 결정한다

그건 바로 '역할 배정'이다. 대부분 사람들이 벌이는 언쟁, 법정에서 벌이는 공방이건, 토론이건, 직장에서의 암투건, 이기는 쪽, 편하게 싸움을 하는 쪽은 어디까지나 먼저 좋은 역할을 점유한 사람이다.

조금 더 구체적으로 얘기해보자. 세상 모든 드라마는 갈등 구조가 나오는데, 이때 갈등은 각 역할들 간에 벌어지는 것이다. 이때 역할 간에 선과 악의 구도가 만들어 진다. 예를 들면 <가난한 집에서 사랑 하나만 믿고 시집온 착한 며느리 역할 VS 그 며느리를 못마땅해하며 늘 괴롭히는 시어머니 역할> 같은 것이다. 이때 착한 며느리는 무슨 말을 해도 사람들의 동정을 불러일으키는가 하면, 악녀 시어머니는 뭘 해도 얄밉게만 보인다. 이 이유는 사람들 머릿속에 보편적으로 자리 잡고 있는 선과 악의 역할 상에 딱 끼워 맞춰지는 배역을 방송 제작자들이 만들어내기 때문이다. 헌데 이 역할 배역의 기술은 사회적 싸움에 능숙한 잔머리 대장들이 너무나 잘 사용하는 방법이다.

A 사원 : 이번에 정부 부처에서 발주한 실업자 대상 연구 용역 참여는 무리입니다. 그 용역은 과도한 업무량에 비해 수익이 터무니 없이 낮습니다. 거기에 투입될만한 인력도 없는 상황 아닙니까?

B 팀장 : (옆에 있는 C 부장에게 귓속말로) 저 친구는 원래 업무량이 조금만 많아져도 그에 대해 엄청 예민한 성품입니다. 작년 ○○공사 용역 때도 그러더니 또 이러는군요. 저렇게 뭘 좀 해보려고 하면 늘 딴죽만 걸고, 사업을 의욕적으로 키워 보려 하면 굉장히 알레르기 반응을 보이곤 합니다. 열심히 일하려는 입장에선 참으로 답답하네요.

C 부장 : (그 말을 듣고 발언함) 부서 사업을 키워보려고 노력하는 사람은 따로 있는데, 그렇게 일하기 싫다고 딴죽만 걸면 안 되지. 한심한

직원이구먼. 업무량이야 조금 더 열심히 근무를 하면 되는 것 가지고, 돈 받아먹는 직장인이 되어서 그렇게 일 안 하려고 떼만 써서야 쓰겠나?

이 대화에서 B 팀장은, 사회생활에서의 싸움에 대해 그 기본을 잘 아는 사람이다. 사회생활에서의 싸움은 그 절반 이상이 역할 점유에서 판가름난다. 좋은 역할을 점유하는 순간, 언쟁에서 거의 이기거나 싸우기 몹시 편안한 상태가 된다. 반면, 상대방에 의해 나쁜 놈 역할로 강제로 포지셔닝 당하면 아무리 애를 써도 이기기가 힘들어진다.

위에서 B 팀장은 사업에 대한 이의를 제기한 A 사원의 이야기를 절대 논리적으로 반박하지 않는다. 실제 일상 사회에서의 싸움에서 논리력은 크게 중요치 않은 경우가 많다. 그보다 더 중요한 능력이 바로 위 간교한 B 팀장이 보여주는 역할 배정 능력이다

일상생활에서 논리력보다 더 중요한 역할 배정력

배역에는 크게 남에게 부여하는 것과 자신이 포지셔닝 하는 게 있다. 위에서 B 팀장은 자기 자신에 대해서는 이렇게 역할 정의를 한다.

B 팀장 : 저렇게 뭘 좀 해보려고 하면 늘 딴죽만 걸고, 사업을 의욕적으

로 키워 보려하면…….

한 마디로 나는 회사를 위해 열심히 늘 해보려고 하는 진취적인 사람이라는 것이다. 아침 드라마에서 나오는 착한 며느리처럼 회사를 위해 성심을 다 바치는 선한 역할로 자신을 가장하고 있다. 이렇게 스스로의 역할 포지셔닝을 하고 나면 이후에는, 바로 선의 역할인 자신에 대치되는 악의 역할을 라이벌에게 부여해주어야 한다.

B 팀장 : (옆에 있는 C 부장에게 귓속말로) 저 친구는 원래 업무량이 조금만 많아져도 그에 대해 엄청 예민한 성품입니다.

한 마디로 일 안 하려고 떼나 쓰는 게으른 불평불만 분자라는 것이다. 이 배역을 정확히 부여해 줌으로써 B 팀장은 자신에게 제기되는 비판을 극복함은 물론 동시에 부장의 신임도 더 얻어내는 일석이조의 효과를 노리고 있다. 더 나아가 까다로운 논리적 지적을 하는 A 사원을 자신의 손에 피 묻히지 않고 부장의 권위를 내세워서 짓눌러 제압했다. 이렇게 보면 일석삼조다. 특히 직장 조직생활에선 이런 간사한 소시오패스들이 어디나 있는데, 십중팔구 더 많은 승진과 보상을 얻어내는 건 거의 이런 사람들이다.

언쟁이라는 게 꼭 상대방의 면전에 대놓고 하는 것만 언쟁이 아니다. 오히려 TV 토론이 아닌 실제 사회생활에서는 위의 B 팀장처럼 간교하게 뒤에서 늘어놓는 말이 더 무시무시한 영향을 끼치는 경우가 많다. 위의 상황 같은 경우를 봐도, 저리 되면 A 사원은 그야말로 분통이 폭발하게 된다. “죽도록 고생해봐야 돈도 안 되는 일에 참여하지 말자.” “그 일할 인력도 없다.” 라는 건 논리적으로 틀린 말이 아니다. 그러나 A 사원은 논리에서는 이겼을지 몰라도 배역 싸움에선 졌다. 보다 더 간교하지 못해서 피해를 당하게 되는 선의의 피해자인 셈이다.

역할은 반드시 적보다 먼저 선점해야 한다

앞서 밝힌 선제공격의 중요성은 여기에서도 드러난다. 울화통 터지는 A 사원이 뒤늦게 B 팀장의 간사한 행태에 대해 논리적으로 반론할라치면 이런 식의 반론 멘트를 예상해 볼 수는 있다.

A 사원 : B 팀장은 실제 밑바닥 실무를 하는 사람이 아니기 때문에, 지금 저희 실무진에 인력이 얼마나 모자란 지, 또 새로운 용역을 맡나 했을 때 어느 정도 노동력이 들어가야 하는지 전혀 감이 없습니다. 아랫사람을 고생시켜서 자기 실적으로 만들려는 생각에만 빠져 있습니다.

그러나 제아무리 강한 반론을 펼쳐봐야 이미 때를 실기한 경우라면 효과를 거두기가 어렵다. 그만큼 사람의 선입견이라는 것은 무서운 것이다. 위의 싸움에서 사실상 승패의 결정 권한을 쥐고 있는 것은 갤러리이자 최고 권력인 부장인데, 그는 이미 B 팀장이 배역을 정해준 A 사원의 역할(일하기 싫어서 회사의 발전에 딴죽을 거는 게으른 불평분자)로 색안경을 끼고 보기 때문에, 위와 같은 반론을 한낱 궤변으로 받아들이게 될 공산이 크다. 이런 경우를 대비하기 위하여 우리는 이 역할 배정의 싸움에서 반드시 선수를 치거나 혹은 상대방이 꺼내려는 무기를 미리부터 무력화시킬만한 코멘트를 말해야만 한다.

위의 사례대로라면, A 사원은 바로 본인이 주장하려는 논리부터 펼칠 것이 아니라,

A 사원 : 일단 우리는 자신이 제안한 일을 반대하거나 위험 요소를 이야기하면 무조건 일을 많이 하기 싫어한다는 식으로 이상하게 몰아가질 말아야 한다고 생각합니다. 이번 용역 건을 반대한다고 해서, 그게 신규 사업을 하는 것 자체를 하지 말자는 게 아닙니다. 신규 사업은 응당해야지요. 그러나 그게 우리한테 해가 될 건 좀 신중히 제고해볼 필요가 있다는 것이고요.

또 이런 이야기를 하면, 실제 밑바닥 실무를 하지 않으시는 분들은 무조건 별것도 아닌데 아래 직원들이 무조건 일하기 싫어한다고 일방적으로 매도하지 마시고, 커뮤니케이션을 해보시는 게 좋습니다. 다른 직원들을 매도하면서 동시에 자기만 열심히 하는 사람처럼 보이려 하는 건 매우 좋지 않은 행태라 생각합니다.

이처럼 상대방이 은막 뒤에서 노리는 바를 미리 차단하는 말을 앞에 깔고 들어가야 한다. 즉, 바로 본론에 들어가지 말고 상대의 의도를 분쇄하는 이야기를 서두에 반드시 깔아야 하는 것이다.

이 사례에서 B 팀장이 노리는 바는, 자신을 반대하는 세력을 게으른 사람으로 매도하고 윗사람에 대한 좋은 평가를 획득함과 동시에 잠재적 경쟁자와 윗사람을 이간시키는 데에 있다. 사전에 그런 상대방의 의도를 미리 읽고 그것을 사전에 차단하는 멘트를 깔아놓은 이후에야 자신의 주장을 펼쳐야 그나마 피해를 최소화시킬 수가 있다. 꼭 잊지 말자. 언쟁에서 기본 중의 기본은 상대의 무기를 반드시 미리 예측하고, 그걸 무마시킬 멘트를 우선적으로 말해야 한다는 점이다. 그러기 위해서 우리는 상대방의 숨겨진 의도를 읽어내려고 노력해야만 한다.

plus tip

상대의 무기를 반드시 미리 예측하고, 그걸 무마시킬 멘트를 우선적으로 말해야 한다.

더 나아가 이런 간교한 상대에 대해서는 적절한 사전 대비만 한다면 상대가 구사한 역할 배정 공격을 역으로 뒤집어 더 나쁜 역할을 상대에게 부여해 줄 수도 있다.

A 사원 : 모든 다른 조직 구성원이 필요 이상으로 힘들어할 일을 독단적으로 추진해 놓고, 그에 대해 합당한 반론이 나오자 뒤늦게 자신의 잘못을 뒤덮기 위해서 다른 사람에게 누명을 씌우고 이간질이나 하는 건, 간신 모리배나 할 짓입니다.

이렇게 상대를 강하게 비판해 줄 수도 있고, 아니면 아예 모두 발언에 이런 식의 우회적인 표현을 할 수도 있다.

A 사원 : 최근에 다른 조직 구성원들의 의견은 추호도 듣지 않고 독단적으로 일을 결정했다가 그에 대한 온당한 비판이 나오면, 그 사람을 뒤에서 헐뜯고 이간질하는 행태가 우리 회사에도 있는 것 같습니다.

물론 실제 조직생활에서 이렇게 강하게 코멘트하기 힘든 경우가 많을 테지만, 요는 이러한 뉘앙스로 조직에 맞는 적절한 문구를 구성하면 나를 악한 역할로 배정하려는 상대방에 대해 소위 역관광이 가능할 수도 있다. 이렇게 필요한 역할을 상대방에게 적절히, 재빨리 부여해주기 위해서는, 우선 상대방을 몰아넣을 만한 공격의 틀(프레임)을 잘 알아야 할 것이다. 앞서 사례에서 B 팀장은 불평불만분자라는 프레임 안에 라이벌을 껴 넣는 방식을 취했다.

그러나 이렇게 상대를 프레임에 껴 넣는 것을 그냥 무턱대고 할 수는 없다. 일단 갤러리들에게 설득력 있게 어필이 되려면, 무엇보다 그에 타당한 근거가 있는 듯이 보여질 필요가 있다. 위의 사례에서 B 팀장은, "저 녀석은 과거부터 그랬다."라는 예전의 사례를 들고 나와 자신의 프레임 워크를 정당화시키는 데 사용했다.

이와 같이 가장 기초적인 역할 배정, 프레임 워크 공격을 하기 위해선 일단 공격의 포인트를 잡는 게 우선인데, 다음챕터에선 그 방법에 대해 살펴보기로 하겠다.

summary noet

역할 점유, 역할 구도가 승패의 대부분을 결정한다

그건 바로 '역할 배정'이다. 대부분 사람들이 벌이는 언쟁, 법정에서 벌이는 공방이건, 토론이건, 직장에서의 암투건, 이기는 쪽, 편하게 싸움을 하는 쪽은 어디까지나 먼저 좋은 역할을 점유한 사람이다. 이 역할 배역의 기술은 사회적 싸움에 능숙한 잔머리 대장들이 너무나 잘 사용하는 방법이다.

역할은 반드시 적보다 먼저 선점해야 한다

앞서 밝힌 선제공격의 중요성은 여기에서도 드러난다. 울화통 터지는 A 사원이 뒤늦게 B 팀장의 간사한 행태에 대해 논리적으로 반론할라치면 반론 멘트를 예상해 볼 수는 있다.

역할은 반드시 적보다 먼저 선점해야 한다

앞서 밝힌 선제공격의 중요성은 여기에서도 드러난다. 제아무리 강한 반론을 펼쳐봐야 이미 때를 실기한 경우라면 효과를 거두기가 어렵다. 그만큼 사람의 선입견이라는 것은 무서운 것이다. 우리는 역할 배정의 싸움에서 반드시 선수를 치거나 혹은 상대방이 꺼내려는 무기를 미리부터 무력화시킬만한 코멘트를 말해야만 한다.

공격포인트 찾는 법

일단 공격의 프레임을 짜려면 소위 말하는 꼬투리라는 것을 잡아야 한다. 꼬투리라고 하면 굉장히 어감이 안 좋지만, 명탐정 포와로가 지능범을 체포할 때도 사실 상대방이 하는 말에서 꼬투리를 잡아내서 범죄를 해결하는 방법이다. 선한 목적으로 사용하면, 절대 나쁜 기법이 아니다. 물론 이런 선한 목적의 공격일 경우 우리는 그것을 꼬투리라고 표현하지 않고, 근거, 혹은 단초라고 이야기한다. 그러나 원리를 따져봤을 때 꼬투리건, 단초건 다 똑같은 말이다.

법정에서도 근거가 부족한 채로 상대를 공격하면 명예훼손이라는 역공을 당하는 것처럼 우리네 일상에서도 이 단초를 낚아채지 않고 상대방을 공격할 수는 없다. 궁극적으로 상대를 악의 역할을 하는 배우로 만들기 위해선, 일단 상대방이 가지고 있는 무언가 중에서 어떤 것을 활용하여야 만 한다. 일단 그 기법부터 알아보자.

공격의 대상이 되는 것들

어떠한 사안에 대해 기술을 안다는 건 무엇을 뜻할까? 세부적으론 목표 지점(Point)과 그 목표지점을 때릴 수 있는 구체적 행동(Handling)을 안다는 의미가 된다. 자동차 정비 기술이 뛰어나다 함은, 차의 증상에 대해 정확히 어느 지점이 문제인지 정확히 찾아내는 능력, 그리고 그 문제 구조를 다루는 핸들링 능력, 이 2가지를 갖추었다는 걸 뜻한다. 이는 세상 모든 기술에 다 똑같이 적용되는 원리로, 언어의 기술에서도 전혀 다르지 않다.

plus tip

기술이란 Point와 Handling을 뜻한다

이 중 일단 공략을 해야 하는 포인트가 어디에 있는지 찾아내는 것은 언쟁 기술 중에 가장 중요한 기본이다. 우리가 상대방의 갑작스러운 공격에 허둥지둥 대고 패배의 쓴잔을 들이키는 가장 큰 이유는 상대방의 말 중 공격할만한 약점을 찾지 못하기 때문이다. 역으로 나를 이긴 상대는 내 말의 문제점이 어디에 있는지를 발견했기 때문에 이긴 것이다.

이와 같은 공격 대상은 일단 크게는, 언어적 타깃과 비언어적 타깃으로 나눠볼 수 있다.

1. 언어적 공격 대상
   a. 상대가 사용한 '단어'
   b. 상대 주장의 '결론 도출 과정'
   c. 상대 주장이 불러오는 '결과(부작용)'
   d. 전제
   e. 의도

2. 비언어적 공격 대상
   a. 상대방이 처해있는 입장(환경)
   b. 상대방의 캐릭터(성격/행동의 특징)
   c. 상대방의 역사(과거 행태, 과거 발언 등)

인간에 대한 대부분의 언어적 공격은 대부분 이 틀 안에서 이뤄진다. 상황에 따라 무엇이 공격하기가 편한지 이 타깃들을 놓고 고려를 하면 상대의 어떤 약점을 틀어쥐는 게 가장 효과적인지에 대해 보다 빠른 의사결정이 가능하다.

이를 활용해 상대의 허점을 틀어쥐는 기술이 좋은 고수들의 경우 피해자는 물론 제삼자들도 그게 공격이었는지 알지도 못하고 당하는 경우가 많다. 때로는 잘못한 게 없는 사람이 "그래 네 말이 맞다. 내가 잘못한 것 같군."이라는 느낌이 들어버리는 안타까운 경우가 생기기도 하다.

공격지점을 찾아주는 기본 도구 - 쪼개기

위 틀에 따른 공격의 대상을 찾기 편하게 해주는 간단한 기술이 하나 있다. 바로 상대의 말을 '쪼개는' 것이다. 매우 단순한 원리이지만 이걸 하느냐 안 하느냐는 숨 가쁘게 돌아가는 언쟁 속에서 큰 차이를 만들어 낸다. 특히 쪼개기는 빠른 공격을 해야 하는 우리네 일상적인 언쟁 대화에서 특히 유용하며, 이걸 하지 않고 의욕만 앞서게 되면 오히려 순간적으로 머리가 꼬여서 당황만 하게 된다.

일단 말을 쪼갠다는 게 무엇인가? 세상 모든 말은 일정한 의미를 담고 있는 개념 단위들의 묶음으로 구성이 되어 있다. 예를 들어, <서울대는 대학순위 1등의 대학이다>라는 말이 있다면, '서울대'라는 개념과 '대학순위' '1등'이라는 각각의 개념이 하나로 묶여 구성된 말이다.

서울대는 대학순위 1등의 대학이다
= 서울대 + 대학순위 + 1등

상대의 말을 공격하고 싶다면 일단 얼핏 하나의 단위로 보이는 상대의 말을 최대한 자잘한 의미 단위로 나눠서 파악해야 한다. 상대의 말을 문장 그대로 통으로 보면 공격형 사고를 하기가 상당히 모호해 지지만, 어휘 단위로 쪼개면 빠르고 쉽게 머리가 돌아가게 된다.

위에서 보면 당연히 서울대라는 말에는 공격할 여지가 없다. 그냥 대상을 지칭하는 고유명사기 때문이다. 그러나 '순위'와 '1등' 같은 말은 성격이 다르다. 명사이긴 하지만 해석의 여지가 있는, 특정 사람이나 사물을 지칭하는 게 아니라 형이상적 개념을 정립한 단어다. 가치관이 개입될 여지가 있고, 호불호가 나뉠 수 있다. 바로 이러한 말이 공격의 포인트가 된다. 만일, '순위'라는 말을 가지고 공격의 말을 구성한다면,

"교육에 순위를 나누는 게 꼭 필요한 일입니까?"

혹은

"인간을 양성하는 교육에서 등수 순위를 매기는 게 과연 제대로 된 발상이라고 생각하십니까? 왜 그런 얘기를 굳이 하세요?"

등으로 만들어 볼 수 있다. 이처럼 상대의 말을 의미 단위별로 잘게 쪼개면, 공격포인트와 코멘트 구성을 더 빨리 효율적으로 해낼 수가 있다.

물론 허술한 주장을 상대하면 굳이 쪼개기 사고가 필요하지 않을 수도 있겠다. 그러나 우리가 늘 어설픈 주장만 상대하는 행운을 누릴 수는 없는 노릇이다. 분명히 터무니없는 주장인데 무언가 허점이 잘 보이질 않을 때는 있기 마련이며, 어물어물하는 사이에 공격의 타이밍을 놓쳐버리면 결국 패배라는 성적표를 받아들 수밖엔 없다.

소중한 타이밍을 실기하는 우를 범하지 않기 위해 우리는 말싸움에선 늘 아래와 같은 3단계 사고를 머릿속에 익혀놓을 필요가 있겠다.

plus tip

상대의 말을 어휘 개념 단위로 쪼갠다

⇩

공격 가능한 포인트를 마치 닭뼈 발라내듯 추려낸다.

⇩

그 쪼갠 하나의 단위를 악(惡)/부정(否定)의 프레임으로 정의내린다

아주 간단한 사례를 통해 연습해보자. 이런 말이 있다고 했을 경우에,

"인터넷상에서의 무분별한 악플은 반드시 처벌해야 합니다."

이 말을 공격하기 위한 첫 단계로 전체 말을 쪼개보도록 하자.

<인터넷 상에서 / 무분별한/ 악플/ 반드시 처벌해야>

일단 이 정도로 해보자. 이 4가지 덩어리 중에 공략 가능해 보이는 것을 선택해 공격 멘트를 구성하면 되는데, 비교적 쉽게 이래와 같은 멘트들을 떠올릴 수 있을 것이다.

"<무분별>하다는 말씀을 주셨는데, 그 무분별하다는 기준이 정확히 무엇인가요? 모든 형벌은 정확히 명시될 수 있는 죄의 기준이 성립되어야 하는데 '무분별'이라는 애매한 정의로 형법이 구성될 수 있다고

생각하십니까?"

⇨ 상대의 말중 '무분별'을 공격 타깃으로 삼음

"악플이라고 하셨는데, 악플의 구체적인 정의가 뭔가요? 대체 선플과 악플을 나누는 기준을 어떻게 정의내리고 계십니까? 살인이나 절도처럼 명시적으로 정의할 수 없는 행위를 처벌한다는 게 법률적으로 제대로 된 발상입니까?"

⇨ 상대의 말중 '악플'을 공격 타깃으로 삼음

"반드시 처벌해야 한다고 하셨는데, 지나친 처벌이 횡행할 경우 언론의 자유를 지나치게 침해할 우려도 있는 것입니다. 발언의 자유가 과도하게 침해되는 부분에 대한 별도의 대책이 있으신가요?"

⇨ '처벌'이라는 부분에 대한 부작용을 제시함

쪼갠 이후에는 어떻게 대처해야 하는가?

물론 상대의 말을 잘게 쪼갰다고 해서 곧바로 공격의 달인은 될 수 없다. 쪼갠 이후에 이 덩어리가 공격 대상이 될만한 것인지 아닌지, 혹은 된다고 하면 어떤 식으로 상대를 악의 프레임에 가둘 수 있을지에 대해서는 또 생각을 해봐야만 한다. 이 생각의 기반이 되는 것은 앞에서 간단히 소개한 공격 대상 정리표이다.

<공격의 타깃 1번 언어적 공격대상>

a. 상대가 사용한 '단어'

b. 상대 주장의 '흐름'

c. 상대 주장이 불러오는 '결과(부작용)'

d. 전제

e. 의도

일단 우리가 가장 기본적으로 알아둬야 할 기법은 상대의 말에서 공격 포인트를 차출하는 법이기 때문에 이것부터 알아보려 한다. 이제 다음 챕터에서부터 본격적으로 공격 대상의 정확한 추출과 그 활용 방법을 종류별로 다루어 보도록 하겠다.

summary noet

공격의 대상이 되는 것들

1. 언어적 공격 대상
   a. 상대가 사용한 '단어'
   b. 상대 주장의 '결론 도출 과정'
   c. 상대 주장이 불러오는 '결과'
   d. 전제
   e. 의도

2. 비언어적 공격 대상
   a. 상대방이 처해있는 입장
   b. 상대방의 캐릭터
   c. 상대방의 역사

공격지점을 찾아주는 기본 도구 - 쪼개

상대의 말을 공격하고 싶다면 일단 얼핏 하나의 단위로 보이는 상대의 말을 최대한 자잘한 의미 단위로 나눠서 파악해야 한다. 상대의 말을 문장 그대로 통으로 보면 공격형 사고를 하기가 상당히 모호해 지지만, 어휘 단위로 쪼개면 빠르고 쉽게 머리가 돌아가게 된다.

가장 쉽고 빠르고 효율적인 공격법 - 단어 공격

앞의 챕터의 쪼개기 사례들을 통해서도 감을 잡았겠지만, 상대의 말에서 공격포인트를 추출할 때 제일 편하게 할 수 있는 건 바로 1개의 <단어>다. 이 단어 공격의 스킬에 익숙해지면 간사한 상대방을 비교적 편하게 패퇴시키는 데 큰 도움이 된다.

공격의 대상 - 상대방의 단어 하나를 집어내어 공격포인트로 삼는다

상대가 사용한 하나의 단어를 트집 잡아 공격하는 것, 이건 모든 현실적 언쟁에 가장 유용한 기법이다. 사실 이것 하나 때문에라도 "먼저 말을 하는 것"은 불리하다. 공개 토론 석상이든 회의 자리든 아예 판 자체의 흐름을 내 쪽으로 끌고 올 별도의 전략을 갖고 있지 않은 다음에야 먼저 선(先) 발언하는 것은 패배의 지름길이 된다. 상대에게 빌미를 잡힐 단어 하나를 발췌 당하는 순간 승부의 추는 급격하게 상대 쪽으로 기울게 된다.

시민 : 최근 무차별적으로 늘어나는 학교 폭력에 대해 교사들은 뭐를 하는지 모르겠습니다. 책임 있는 자세를 가질 필요가 없습니다.

교사 : 책임 있는 자세라뇨? 마치 모든 교사가 책임 없는 사람처럼 그렇게 쉽게 호도하지 마십시오. 대체 무슨 책임을 말씀하시는 건가요? 무조건 책임만 지라고 하면 다입니까? 교사가 그러면 뭐 24시간 아이들하고 붙어 지내야 하나요? 왜 모든 잘못에 대한 책임을 다 교사한테 떠넘기려고 하십니까?

시민 : 모든 교사가 다 책임 없다는 이야기를 한 건 아닙니다. 너무 수수방관하는 경우가 일부 있으니까 하는 얘기 아닙니까?

교사 : 이보세요. 교사는 가르치는 사람이지 경찰이나 판사가 아니에요. 폭력 문제는 범죄고 잘잘못을 따지는 건 저희들이 가진 수사권이나 법적 처벌권도 없는데 뭘 무턱대고 책임 운운합니까? 그리고 이런 엄청나게 예민한 문제는 저희 교사가 어설피 중간에서 개입하는 것보다 양 학부모들이 잘 협의해서 처리하시는 게 가장 바람직합니다.

상대가 처음 나에 대해 비판의 말을 꺼내 들었을 때, 대부분의 선량한 사람들은 반사적으로 방어하려고 한다. 위의 경우라면 사실 교사들도 나름 폭력 방지를 위해 노력한다는 등등 얘기를 하면서 해명을 하려고 드는 게 착한 사람들의 일차적 반응이다. 그러나 위 교사처럼 능숙한 싸움쟁이들은 그리하지 않는다.

마치 모든 교사가 책임 없는 사람처럼 그렇게 쉽게 호도하지 마십시오.

이처럼 상대가 공격을 하고 있을 때 어떻게 해서든 상대방의 말 중에 꼬투리를 잡을 걸 물고 늘어져서 역공을 가한다. 위 사례에서는 '책임'이라는 단어를 꼬투리 잡아 반격을 가하는 모습이다.

실제로 우리가 벌이는 대부분의 말싸움, 언쟁은 실질적인 핵심 주제와 내용의 옳고 그름을 가리는 것만 진행되는 것이 아니라, 서로 주고받는 말, 태도 등 핵심 주제와 전혀 다른 사안에까지 불길이 번진다. 논의의 포커스가 엉뚱한 사이드로 불길이 번지는 것에 대해 논쟁을 하는 당사자는 늘 주의를 기울여야 한다. 만일 내용 자체가 내가 압도적으로 유리한 주제라면, 엉뚱한 곳으로 불길이 번지는 걸 막아야 하고, 전반적 현황이 내게 불리하다 싶으면 여기저기로 불을 막 옮겨 붙여서 혼잡스러운 난장판을 만들어야 한다. 상황에 따라 적합하게 꼬투리를 막거나 활용하려면 꼬투리를 잘 잡는 원리를 기본적으로 알아야 한다.

그렇다면 최대한 빠르고 효과적으로 상대의 말에서 공격의 꼬투리를 찾아내는 방법은 무엇일까? 흔히 상대방의 말에서 문제점을 찾아내는 논쟁 하면 떠올리는 게 '논리'를 둘러싼 이야기다. 논리, 혹은 논거를 두고 서로 공방을 벌이는 모습을 떠올리지만, 실상 우리들이 실생활에서 펼치는 대부분 공방은 논리니, 논거니 하는 것들이 그다지 중요하지 않다. 흔히 하는 말로 "논리가 명확하다."라느니 "논리적이다."라느니 하는 이야기는 대개 실체가 없는 이야기로, "그럼 논리적이라는 게 대체 뭘 뜻하는 거야?"라고 반문하면 이에 대해 정확히 대답하지도 못한다.

상대의 말에서 허점을 찾아내려면 실체도 명확하지 않은 (혹은 그게 뭔지 명확히 알지도 못하는) 논리니 논거니 하는 것을 따지기보다 제일 쉬운 건 역시 상대가 쓰는 단어 하나하나에 집중하는 것이다. 실상은 상대가 논리고 논거고 아무리 뛰어나도 일단 상대방이 말하는 단어 하나만 잘 꼬투리 잡으면 전반적 정당성에서 밀렸다 해도 일거에 대세를 뒤집을 수 있다.

정치인들이 언쟁할 때 보면 특히 이런 수법이 비일비재하게 보인다. 대표적인 것으로는 2013년 정치권에서 있었던 "귀태" 사건 같은 게 있다. 대부분 국민들은 귀태라는 단어가 튀어나오기 전의 앞뒤 사정, 전후 맥락은 거의 기억을 못한다. 그냥 귀태라는 단어 하나만 기억에 남는다. 1개의 단어가 모든 것을 다 잡아먹어 버린 것이다. 당하는 사람 입장에서는 참으로 환장할 일일 거다. 자신이 진짜 전달하려는 의도는 아무한테도 전달이 안 되고 단어 하나로만 자신의 모든 입장이 먹칠이 되어버린다면 말이다. 다만 인간사에서, 본래의 취지, 논리, 목적 같은 것은 의외로 중요하지 않다는 걸 알아야 한다. 결국 우리들이 펼치는 언쟁 대부분은 단어 한 개의 의미를 가지고 벌어지게 된다. 무엇보다 상대방을 말로 거꾸러뜨리는데 단어 하나 가지고 꼬투리 잡아서 공격하는 것보다 쉬운 방법은 없다. 상대방의 주장 전체 맥락을 보기보단, 일단 단어 하나하나에 집중하면서 싸움을 시작해보자.

세부 방법 - 상대방의 말을 잘게 쪼개서 단어 하나에 초점을 맞춘다

상대가 늘어놓은 문장들 중에 문제의 소지가 될 만한 한 단어를 찾아내는 것에 집중한다. 일단 주로 문제시되는 단어의 종류를 살펴보겠다. 다만 그전에 우리가 알아야 하는 것은 상대의 잘못은 상대가 저질러주는 게 아니라 우리가 만드는 것이라는 점이다. 언쟁에서 발생하는 대부분의 잘못은 진짜 잘못이어서가 아니라 그걸 잘못으로 해석하는 상대방 때문에 생겨나는 것이다.

대부분 사람들이 공격당하는 이유는 정말 잘못된 짓을 하거나 잘못된 걸 말해서라기보단, 그것에 대해 악의적으로 해석을 당하는 경우가 더 많다. 실제로 상대방이 대놓고 말실수를 해주는 경우도 있지만 그걸 기대해서는 안 된다.

잘못된 단어가 상대 입에서 튀어나오는 걸 캐치하는 것뿐만 잘못된 단어로 해석해서 갤러리들로 하여금 그걸 진실로 믿게 만드는 왜곡 해석의 기술은 틀에 넣고 찍어내는 붕어빵 굽기라고 보면 된다. 그걸 잘하기 위해 우리는 아래와 같은 왜곡의 붕어빵틀을 미리 기억해두고, 상대방의 말을 순간적으로 이 틀에 끼워 맞춰 찍어내 버리면 된다. 사례를 들어보자.

<상대의 '단어'에서 공격대상을 추출하는 예>

김 대리 : 이번 새롭게 구축된 ERP 시스템에 대한 직원들 불만이 몹시 크고, 정말 짜증 난다는 이야기가 매일 들려오고 있습니다.

윤 과장 : 짜증이 난다, 그런 식으로 감정적 표현을 쓰지 말고, 정확히 어떤 기능이 문제고 어떤 식으로 개선해야 하겠다는 식의 제안을 구체적으로 해줘야 할 것 아닌가? 짜증 난다고 하면 다야? 회의 자리가 무슨 짜증 푸는 곳인가? 여긴 직장이야. 수다 떠는 곳이 아니고. 뭐든지 처음 쓰는 프로그램 중에 짜증 안 나는 게 어디 있다고 그러나?

간단히 말해 상대방이 내뱉은 말 중에서 꼬투리 잡을 만한 부분을 캐치하여, 몰아세우면 된다. 여기서 몰아세울 때는 물론 언급했던 일정한 공격의 틀(프레임)에 상대를 가둬버리는 형태로 몰면 된다. 위의 사례는 상대의 말 하나를 꼬투리 잡아 <감정적인 매도>라는 틀로 가둬버렸다. 이와 같이 단어 한 개를 틀어쥐고 상대방을 공격하는 방법은 <단어 공격>이라고 칭할 수 있는데, 이 <단어 공격>은 군인에게 총이 필수인 것처럼 언쟁에서 가장 기본적이고 필수적인 공격 무기이기 때문에 꼭 유념해 둬야 한다.

그럼 이제부터 이 원리를 바탕으로 본격적인 단어 공격의 종류를 유형별로 살펴보도록 하자.

<단어공격 기술1> 정도가 심하다는 의미의 공격 - "말씀이 심하시네요."

첫 번째 소개할 방법은 비판받을 때 가장 쉽게 방어용 꼬투리를 잡을 수 있는 패턴이다. 상대가 사용한 단어의 '정도, 수준'을 공격하는 방법으로, 요는 "그 말은 너무 심한 게 아니냐(내가 잘못한 건 맞는다고 하더라도)?"라는 것인데 주로 괄호 안의 말을 빼고 상대가 사용한 단어의 잘못만 집중적으로 부각해 대는 것이다.

기본적으로 논쟁 중에 상대의 모든 주장을 다 일일이 격파할 필요는 없다. 상대의 전체 말 중에 1~2개만 가지고 집중적으로 공격해주면 무관심한 갤러리들에게는 마치 전부 다 격파한 것 같은 느낌이 들 수가 있다. 중요한 건 실상보다는 느낌과 이미지다.

차 대리 : 이거 지난번에 내가 리젝트 했던 보고 안과 거의 똑같은 거 아냐? 왜 이렇게 만들어서 들고 와? 일 이따위로 할 거야?

철수 : 대리님, '이따위'라는 건 아무리 그래도 좀 말씀이 지나치신 것 같습니다.

상대가 사용한 단어 중에 이건 좀 도가 지나치다 싶은 느낌으로 확대하여 해석할 수 있는 말이 있는가를 유심히 살펴보고 그걸 집어내서(Pick-up) 그 말이

"그 말은 좀 너무하시네요."
"지나치시네요."
"정도껏 하세요."

등으로 이야기한다. 그럼 연습을 해보자. 위에서 차 대리가 한 이야기 중에 철수는 '따위'라는 단어 하나에 대해 시비를 걸었다. 사실 이건 아주 쉬운 문제다. 시비를 걸 꼬투리용 단어가 비교적 눈에 쉽게 보인다. 그럼 이번엔 난이도를 조금 높여서 '따위'라는 단어 이외에 이 <정도가 지나치다>는 붕어빵틀로 찍어낼 만한 단어를 또 찾아보자. 뭐가 있을까? 이걸 잘할 수 있다면 당신은 언쟁의 재능이 어느 정도 있다고 볼 수 있다.

(바로 아래를 읽지 말고 생각해 보자)

일단 첫 번째는 '똑같다'라는 말이다. 이걸로 꼬투리를 걸 수 있다.

철수 : 똑같다니요. 대리님, 과장이 좀 지나치십니다. 약간 비슷한 콘셉트인 거지 이게 어떻게 완전히 똑같습니까? 이게 똑같은 거면 이 세상에 기획안이란 기획안은 다 똑같다는 비판에서 완전히 자유롭지 못할 겁니다.
이걸 똑같다고 하시는 건 그냥 제 안을 무조건 폄하하려고 꼬투리 잡으시는 것밖에는 안된다고 보입니다.

사실 말꼬투리를 잡고 있는 건 철수지만 철수는 오히려 적반하장을 하고 있다. 실제 우리네 일상에서 벌어지는 말싸움에선 이런 적반하장이 부지기수로 많이 일어난다. 오히려 적반하장이 일어나지 않는 싸움을 찾기가 어려울 정도다.

단어 정도 공격의 부가적 세부 기술

위 사례에서 철수가 꼬투리를 잡은 단어는 2개다. <따위>와 <똑같다>이다. 이 2개의 단어는 꼬투리를 잡는 일반적인 패턴을 잘 설명해주는 좋은 사례다.

먼저 <똑같다>라는 단어를 가지고 꼬투리를 잡는 모습을 보자. 위에서 철수는 "(비슷은 하겠지만)똑같다니 너무 도가 지나친 말이다."라는 비판을 가하고 있다. 즉, 상대방이 내뱉은 말에 대해,

"그건 도가 지나치다."
"나쁘다고는 해도 그 정도는 아니다."

라는 식으로, <정도(degree), 수위>에 대한 부정을 해버리는 것이다.

이 역공의 특성은 상대의 말을 다 부정하지는 않고 그 일부만 부분 부정한다는 점에 있다. 위에서 예를 든 철수의 말도,

"똑같다니 너무 도가 지나친 말이다."라는 건 사실,

"(비슷은 하겠지만)똑같다니 너무 도가 지나친 말이다."

라는 이야기다. 그러나 당연히 말을 할 때는 괄호 안의 이야기는 하지 않는다. 자기에게 불리한 건 감추고, 상대가 잘못한 부분만 드러내면 되기 때문이다. 이렇게 상대의 말에서 아주 작은 부분만 골라서 살짝 부정해주기만 해도 사안에 대해 무관심하고 무지한 대부분 갤러리들은 마치 의견 전체가 논파된 것 같은 인상을 받게 된다.

plus tip
상대방이 내뱉는 단어들 중, '정도'를 가지고 꼬투리 걸만한 단어를 픽업해라!!
상대방의 말 중 아주 작은 부분만 집어내서 꼬투리를 잡아도 전체 의견을 논파한 것 같은 효과를 볼 수 있다

두 번째 <따위>라는 꼬투리 역시 마찬가지이다. "표현이 (표현의 정도가) 지나치다."라는 역공을 가해서 상대를 오히려 야박한 인간으로 몰아붙일 수가 있다. 일상적 대화라면 이런 류의 예가 된다.

"너 일 이런 식으로 할 거야?"
→ 이런 식이라뇨. 말이 너무 지나치신 것 아닙니까?

"이번 정부의 OO도시 환경 정비 계획안은 최악의 낭비 안이라 할 만 합니다."

→ 비용이 많이 쓰인 건 맞지만, 그렇게까지 최악이라고 보기에는 무리가 있습니다. 너무 과장하시는데요. 무턱대고 나쁘게 과장하지만 마시고 색안경을 벗고 합리적인 태도를 가질 필요가 있습니다.

<단어공격 기술2> - 애매모호한 말이라고 공격하기

상대방이 사용한 단어의 '정도'를 가지고 시비를 거는 것이 첫 번째 방법이라면 그다음으로 유용하게 써먹어 볼 수 있는 패턴은 상대의 발언이 애매하다고 지적해주는 것이다. 이건 실로 광범위하게 적용될 수 있는 패턴이다.

직원1 : 이번에 구축된 홈페이지 시스템은 정말 너무나 불편합니다. 직원들의 불만 제기가 이만저만이 아닙니다.

이 말에 대해 구체성을 요구하는 꼬투리를 걸라고 하면 무궁무진하게 걸 수 있다.

1) 불만이 많다고 하는데 대체 정확히 얼마나 되는 사람들이 얼마나

불만을 느끼는데? 통계라도 내봤나?

2) 불만이라고 하면 대체 어느 시스템 항목의 어떤 기능을 말하는 것인가? 또 그게 불가피하게 발생하는 불편함인지, 필요 이상의 불편함인지 정확히 따져는 보고 하는 소리인가?

3) 불만의 강도가 이전 시스템보다 더 높은지 낮은지 자네는 어떻게 증명할 수 있나? 원래 이 세상에 불만 없는 시스템이라는 건 없는 걸세. 불만이 하나도 나오지 않았던 시스템 사례가 있었는지 한번 들어보게나.

기본적인 방법은 우선 상대의 말 중에서 명백한 사실(팩트)과 팩트가 아닌 것으로 먼저 구분한다.

<이번에 구축된 홈페이지 시스템은 정말 너무나 불편합니다>

위 문장을 어절 단위로 끊었을 때, '이번에' '구축된' '홈페이지 시스템'은 팩트다. 여기는 건드릴 게 없다. 그러나 그 다음에 이어지는 어절들, '너무나' '불편' '불만' '이만저만' 등은 팩트가 아니라, 감정적 표현어들이다. 우리는 팩트어가 아닌 비(非)팩트어(수식어, 표현어)들을 집요하게 뽑아내서 시비를 걸어야 한다.

위에서 예를 든 3가지 사례는 상대가 내뱉은 비팩트어를 공략하는 전형적 3개의 패턴이다.

① 상대가 제시한 말에 대한 정확한 수치를 요구한다

불만이 많다고 하는데 대체 정확히 얼마나 되는 사람들이 얼마나 불만을 느끼는데? 통계라도 내봤나?

→ '많다'라는 단어에 대한 수치를 요구했다. 결국 상대의 말을 '근거 없는 루머'로 몰아가는 방법이다. 대부분의 경우 미리 철저히 준비하고 나오는 TV 토론 같은 게 아닌 다음에야, 일상생활에서 자신이 하는 말을 뒷받침할 수치, 통계 등을 만들어서 다니는 경우가 있을 리 만무하다. 어떻게 해서든 상대방이 하는 말 중에서 수치를 요구할 만한 포인트를 집중해서 찾아내는 게 핵심이다.

② 더 상세한 구술을 요구한다

불만이라고 하면 대체 어느 시스템 항목의 어떤 기능을 말하는 것인가? 또 그게 불가피하게 발생하는 불편함인지, 필요 이상의 불편함인지 정확히 따져는 보고 하는 소리인가?

2번째 패턴은 상대가 제기한 이슈나 문제에 대해 더 정확한 구술을 요구하며 압박하는 방법이다. 주로 이렇게 문제를 걸 수 있는 단어는 품사로 치면 고유명사가 아닌 어떠한 상태를 묘사하거나 설명하는 단어다. 위의 '불만' 이라는 단어는 명사이기는 하지만 고유명사적 성격은 전혀 없고 상당히 추상적 성격이 강한 단어다. 바로 이런 단어가 꼬투리를 잡아 공격하기에는 가장 편하다. 상대가 추상적 성격이 강한 단어를 사용하면 그걸 놓치지 말자.

그러나 상대가 그런 단어를 사용하기만 마냥 기다리기엔 어려울 수도 있다. 단어 공격을 보다 강하게 사용하는 데 필요한 건 역시 유도 전략이며, 이를 위해선 아래와 같은 액션을 싸움 중에 수시로 해야만 한다.

1. 상대방이 먼저 말하게 만든다(먼저 말하지 말라는 기본 유의 사항을 기억하자).

2. 상대방이 잘 알지 못하는, 혹은 예측하지 못하는 주제의 화두를 계속 던지려고 노력해야 한다.

⇨ 이런 때에는 미리 준비하지 않았던 즉흥적인 멘트를 말할 수밖에 없는데 그럴 때일수록 '추상어'의 사용빈도가 높아진다. 이때 그걸 놓치지 말고 틀어쥐면 된다.

3. 상대의 말 중에 조금이라도 추상적인 표현이 있으면 그걸 구체화해서 이야기하라고 타박한다.

마지막 3번에 대해서라면, 직장생활이나 취업활동 할 때 많이 들어볼

수 있는 이야기이다. 취업 준비생이 자기소개서에,

여러 국가들을 함께 여행하며 세상에는 다양한 사람들과 다양한 생각들이 공존하는 것을 눈으로 직접 확인할 수 있었고 세상을 바라보는 넓은 시야를 가지게 되었습니다.

이런 식으로 썼다고 할 경우 면접관은,

"다양한 생각들이라는 게 구체적으로 무엇인가요?"

"넓은 시야라는 게 정확히 뭘 말하는 거죠?"

라는 식으로 타박하곤 한다. 아주 편안하게 타박할 수 있는 상황이다.

그 외에 경영전문가, 컨설턴트라는 사람들도 비슷한 화법을 자주 쓴다. 예를 들면 이런 패턴이 있다.

팀장 : 저희 서비스 팀은 ARS 인원 증설 및 체크를 통해 고객 만족도를 지속적으로 올려 왔습니다.

컨설턴트 : 뭐 노력하신 건 알겠는데, 대체 고객의 '만족'이라는 게 정확히 어떤 상태를 말씀하시는 건가요? 만족했다는 정의가 뭡니까? 너무 모호한 태도로 고객 관리를 하시는 것 아닙니까 지금?

이 기법은 정작 자신은 별로 특출난 솔루션을 창조할 능력이 없어도 이렇게 남의 말 몇 개를 꼬투리 잡아서 <모호하다, 구체적이지 못하다>라고 타박하는 것만으로 유능하다는 인상을 주는 게 가능한 방법이다. 얼핏 똑똑한 듯 보일 수 있으나 진정한 능력자라면 남을 타박하는 게 아니라 자신이 솔루션을 줄 수 있어야 함을 알면 그저 말장난에 불과하다는 건 쉽게 알 수가 있다.

<단어공격 기술 3> - 모욕적 공격으로 해석한다

상대가 사용한 단어를 '모욕' '공격'으로 해석하는 패턴이 있다. 한국인들, 혹은 이 나라의 조직문화는 상당 부분 싸움, 갈등, 공격 등에 대해 그 자체를 터부시하는 경향이 강하므로, 필요한 경우 나 자신은 피해자 코스프레를 하며 적절히 위기를 탈출할 수 있는 꼬투리 잡기 방법이 되어 준다. 우리 실생활에서도 포착과 해석을 잘하면 이처럼 의견의 전반적 맥락과 관계없이 상대방을 핀치에 몰아넣을 수 있는 꼬투리 잡기가 가능하다.

A 직원 : 팀장님 지금까지 추진해 오신 우리 회사의 마케팅 패턴에 개선을 검토해 볼 필요가 있는 것 아닙니까? 이제 이렇게 목적 없이 찾아다니며 구걸하는 식의 방법은 한계에 부딪혔다는 게 일선 영업 직원들의 한결같은 의견입니다.

마케팅 팀장 : 선배들이 오랜 기간 숙고하며 만들어 온 이 회사의 방식

에 대해 무턱대고 나쁜 면만 보고 비방하려는 것은 옳은 태도가 아닙니다. 일단 이 회사를 이끌어 온 기존 시스템과 선배에 대한 존중의 태도부터 가지는 게 우선일 것입니다.

위 방법은 상대방에게 나 혹은 우리, 특정 집단에 대해 지나친 모욕적 공격을 했다는 오명을 뒤집어씌우는 것인데, 기왕이면 나 외에 여러 사람들을 끌어들여 묶는 것이 더욱 강력한 공격이 된다. 위 사례에서도 분명히 공격당한 것은 인사제도를 운영하는 자신인데, '선배들'이라는 복수 집단 쪽으로 공격받는 대상을 바꿔버려서 우군을 늘리면서 상대를 압박하는 기술을 사용하고 있다. 이를 통해 논의의 흐름을 '마케팅 개선 논의'에서 '선배를 존중하지 않는 후배와 선배의 갈등 구도'로 바꿔 나가면 주변에서 관람하는 영향력 있는 선배급 갤러리들도 A 직원을 마냥 편들기가 힘들어진다. "이거 지금 A 직원 편을 들었다가 우리 선배들이 한 일의 권위가 공격받는 풍토가 생기는 거 아냐?"라는 예기 불안을 끌어내어 우군을 만드는 일도 가능하다. 누구나 자신의 일에 대해 100% 흠결이 없을 것이라 장담할 수는 없으므로 모든 비즈니스맨과 공무원들은 늘 마음속에 일말의 불안감과 찜찜함을 가지고 있게 마련이다. 실생활에서 벌어지는 말싸움에서 이런 사람들의 잠재적 불안감을 건드려 내 편으로 끌어들이는 기술은 제법 강력한 기술이 된다.

대부분의 싸움에서 갤러리들은 중립이다. 싸움의 당사자들이 얼마나 피해를 입건 말건 쉽게 신경 쓰거나 개여 하지 않는다. 그러나 어떠한 계기를 통해 갤러리들이 싸움에 개입하기 시작하면 승부의 추는 급격히 기운다. 정식 TV 토론에서야 한두 번 청중에게 질문용 마이크 건네주는 것 말고는 갤러리가 낄 일이 없다. 그러나 일상생활에서의 싸움은 얘기가 다르다. 나의 적수를 지지해주는 응원군이 달라붙는 순간 갑자기 상대는 2배 이상으로 강력해진다. 상대가 그리하도록 내버려두지 않는 것뿐만 아니라, 역으로 그 전략을 써서 갤러리의 예민한 부분을 자극해 포섭하는 기술을 사용할 필요도 있다.

사실 이는 전쟁 병법에서 매우 흔히 볼 수 있는 전략 중의 하나다. 90년대 중동 걸프전에서 이라크는 다국적군에 대항하여, 뜬금없이 이스라엘 쪽에 미사일을 날려대는 전략을 취했다. 이스라엘이 참전하면 이스라엘과 사이가 나쁜 다른 중동 국가들의 지원 혹은 참전을 끌어낼 수 있을 것으로 판단했기 때문이다. 우리들도 싸울 때 지엽적인 말에만 집착할 것이 아니라 전체 전황을 유리하게 이끌어 나가는 발상을 할 수가 있어야 한다.

단어 공격 사용 시의 유의 사항

다만, 이 단어 공격은 참으로 편하고 위력도 쏠쏠하나, 단 하나 조심해야 할 점이 있다. 갤러리들에게 지나치게 말 꼬투리 하나 잡고 늘어진다는 인상을 주는 일이다. 대부분의 갤러리들에게 남의 언쟁은 그냥 보고 즐기는 스포츠 같은 거라 큰 관심을 안 두고 깊이 따지지도 않기 때문에, 그냥 윽박지르고 밀어붙이면 이기고 있는 것처럼 느껴주는 경우도 많다. 그렇지만 어느 정도 수준이 있는 사람들의 집단에서라면, 위와 같은 말꼬투리 잡고 늘어지기는 큰 거부감을 살 수도 있다.

"중요한 건 지엽적인 단어 하나가 아니라 우리가 다루고 있는 전체 사안의 맥락이야."

라는 양식 있는 정리를 해줄 수 있는 인망과 영향력을 갖춘 사람이 있다면 효과가 반감될 수 있다는 점도 알아두면 좋다.

또 한 가지 이 <단어 공격>은 손쉽게 사용할 수 있지만, 동시에 단순한 공격인 만큼 상대방이 대비하기도 쉽다는 문제도 있다. 상대가 싸움에 익숙한 사람이면 흠 잡힐 데가 없는 적절한 단어만 써가며 말할 수 있다. 강한 상대를 꺾기 위해서는 같은 단어 공격이라도 조금 더 창작력을 발휘해서 타격을 입힐 방법을 익혀둘 필요가 있다. 다음 챕터에서 한번 살펴보자.

summary noet

공격의 대상 - 상대방의 단어 하나를 집어내어 공격포인트로 삼는다

상대가 사용한 하나의 단어를 트집 잡아 공격하는 것, 이건 모든 현실적 언쟁에 가장 유용한 기법이다. 상대에게 빌미를 잡힐 단어 하나를 발췌 당하는 순간 승부의 추는 급격하게 상대 쪽으로 기울게 된다.

<단어공격 기술1> 정도가 심하다는 의미의 공격 - "말씀이 심하시네요"

상대가 사용한 단어의 '정도, 수준'을 공격하는 방법으로 괄호 안의 말을 빼고 상대가 사용한 단어의 잘못만 집중적으로 부각해 대는 것이다.

<단어공격 기술2> - 애매모호한 말이라고 공격하기

상대의 발언이 애매하다고 지적해주는 것이다. 이건 실로 광범위하게 적용될 수 있는 패턴이다

<단어공격 기술 3> - 모욕적 공격으로 해석한다

우리 실생활에서도 포착과 해석을 잘하면 이처럼 의견의 전반적 맥락과 관계없이 상대방을 핀치에 몰아넣을 수 있는 꼬투리 잡기가 가능하다.

'맥락'에서 공격 대상을 추출하는 방법

두 번째 공격의 원리 <맥락 공격>

이렇게 상대가 한 말에 대해 하나의 단어를 포인트 잡아 공격하는 방법이 있는가 하면, 또 다른 방법으로는 상대방의 말, 주장이 나타내고 있는 '맥락'에서 공격포인트를 도출하는 방법도 있다. 단어를 가지고 공격하는 것보다 조금 공격 난이도는 높지만 그만큼 한 단계 더 차원 높은 방법이라고 볼 수 있다.

이 <맥락 공격>에 해당하는 간단한 대화를 하나 살펴보자.

창수 : 부모의 양육비 부담이 너무나 커서, 세계 최고 수준의 저출산 현상이 벌어지고 있습니다. 무상보육은 반드시 실현되어야 합니다.
진수 : 무조건 적으로 복지비용을 늘리자고 하시는 건 후대에 엄청난 부담을 전가하는 무책임한 태도가 아닐 수 없습니다.

이처럼 단어가 아니라 상대방 주장의 전체 맥락에서 무언가의 문제점을 짚어내는 것인데, 이에 대해 방법은 크게 아래의 2가지가 있다. 상대 주장의 문제점을 짚어 내는 사람을 보고 우리는 흔히 머리가 좋다거나 통찰력이 뛰어나다 등등의 평가를 내리는 데 사실 그거 보단 일정한 패턴을 미리 알고 있느냐에 따라 결정될 뿐이다.

상대방의 주장에서 맥락 공격을 하는 방법

① 상대의 주장이 불러올 '결과'를 트집 잡는다.

말 그대로 "네 말대로 했을 경우에는 매우 안 좋은 일이 생기게 된다."라는 것이다. 나는 이걸 기억하기 좋게 <if 공격>이라고 부른다. 위의 예처럼,

복지를 늘리게 되면 (if)
→ 후대에 경제가 파탄 나서 뒤 세대에게 엄청난 고통이 될 것이다

라는 것이다. 상대의 주장이 불러오는 결과를 왜곡하는 방법은 몹시 다양한데 이 역시 테마별로 짚어 나갈 것이다.

② 결과 도출의 과정을 문제 삼는다.

상대방의 주장에서 공격포인트를 잡는 2번째 방법은 상대방이 결과를 도출해 낸 과정이 잘못되었다고 트집을 잡는 방법이다. 원리만 알면 이것도 엄청 쉽다. 뛰어난 능력 따위는 필요 없다. 위에서 예로 든 창수의 의견은,

A : 양육비 부담이 너무 커서 부모의 고통이 너무 크다
→ B : 그래서 무상보육을 실시해야 한다

라는 것으로 정리되다. 이처럼 B라는 결론을 도출하기 위해 A라는 논거를 선(先)제시하는 것이 세상에 존재하는 모든 '주장'의 기본형태이다. 즉, 세상의 모든 주장은

A니까 B하자

라는 것이다. 말을 싸움에서 이건 대단히 중요하다. 이 단순하지만 절대적인 구조를 알게 되면, 상대의 주장에서 공격의 단초를 뽑아내는 건 압도적으로 쉬워진다. 일단 상대방이 무슨 주장을 하건 간에 그걸 A니까 B이다 라는 구도로 이해하고 또 그렇게 갤러리들에게도 말해주자.

그러니까 A니까 B를 해야 한다고 말씀 주셨는데요.

→ 그러니까 지금 저출산 문제가 심각하니까 무상으로 보육해야 한다고 말씀 주셨는데요.

이렇게 상대 의견을 재편집하게 되면, 공격의 단초를 찾는 것이 몹시도 쉬워지는 것을 피부로 느낄 수 있게 된다. 동시에 상대방 의견이 뭔가 단순하다는 이미지를 갤러리들에게도 줄 수가 있다.

일단 상대의 의견을 A니까 B하자라는 식으로 단순화 시켜버리게 되면 그 이후에 공략하는 패턴은 크게 2가지다.

(1) A이라고 꼭 B여야만 하는 것은 아니야~

→ 저출산이 문제라고 말씀하셨습니다. 그게 문제라는 점에는 동의합니다. 그러나 저출산 문제에 대한 해법이 꼭 보육비를 지원해주는 것만 있는 걸까요? 다른 현실적이고 지혜로운 해법은 고려해보지도 않고 무턱대고 비용지원만 해주자고 노래 부르시는 게 과연 옳은 일일까요?

(2) B를 한다고 A가 해결되는 것은 아니야~

→ 물론 저출산 문제가 있다는 것은 동의합니다. 그러나 현재 한국의 부모들이 아이를 낳지 않는 현상이 단지 보육비 몇십만 원 지원해준다고 다 해결이 될까요? 보육비 지원해주면 이 저출산 문제가 없어진다고 보십니까? 그건 너무 단세포적 사고입니다.

이 2가지, 즉 A라는 문제가 있다고 꼭 네가 말하는 B를 해야 한다는 결론이 도출되지 않는다는 결론 도출의 프로세스에 문제를 제기하는 것과 B를 한다고 A가 꼭 해결되는 것이 아니라는 솔루션의 효용성에 문제를 제기하는 것이다. 이 2가지가 바로 상대방의 주장에서 공격포인트를 잡아내는 가장 기본적인 원리다.

물론 이것을 반박하는 논리도 얼마든지 만들 수 있다. 균형을 맞추기 위해 똑같이 반대의 주장을 펴고 있는 진수의 의견도 같은 방법으로 반박해 보자.

진수의 의견을 A니까 B하자라는 식으로 단순화 재편집해보면 이렇게 된다.

복지를 늘리면(A) → 후대의 부담이 커진다(B)

혹은,

복지를 늘리면(A) → 후대의 부담이 커지니까(B)
→ 무책임하다(C)

라고 재편집해볼 수 있다. 큰 구도로 보면 <A니까 B해야 한다>이지만 거기에 더해 하나 더 부연 설명이나 부연 정의를 덧붙이는 A니까 B이고 그래서 C다라는 구도도 있다. 이에 대해 A라서 꼭 B가 되는 게 아니다, B라고 꼭 C가 되는 것이 아니다, 라고 추론 프로세스의 문제점을 지적해 주면 된다. 한 번 해보자.

<사례1 : A라고 꼭 B인 것은 아니다>

→ 복지를 늘린다고 해서 그게 꼭 후세대에게 모든 부담이 다 전가되는 것은 아닙니다. 실제로 국가 채무의 대부분은 복지가 아니라 무리하고 잘못된 대규모 사업과 토목 정책들이 빚어낸 것입니다.

<사례2 : A라고 꼭 B인 것은 아니다 II>

→ 복지를 늘린다고 해서 그게 꼭 후세대 젊은 일꾼들에게 모든 부담을 다 뒤집어씌우겠다는 것이 아닙니다. 상위 5%에 포함되는 부유층에 대한 약간 퍼센티지의 증세만으로 충분히 효과를 거둘 수 있습니다. 마치 모든 사람에게 다 증세 부담이 돌아가는 것처럼 호도하지 마십시오.

<사례3 : B라고 꼭 C인 것은 아니다>

→ 물론 복지를 확충하면 일부 증세가 필요한 건 사실입니다. 세금 자체에 대해서는 더 내면 당연히 조금 부담은 되겠죠. 그러나 세부담이 늘어난다고 그걸 무조건 후세대에 대한 무책임으로 매도할 수는 없습니다. 지금 젊은 사람들도 언젠가는 늙습니다. 그리고 그들 역시 노년에는 국가와 사회의 보살핌을 받아야 하는 때가 반드시 옵니다. 세상에 늙지 않는 인간이 있습니까?

젊을 때 힘없는 노년층을 부양하고, 자신 역시 후대의 젊은이들에게 다소 도움받고, 그렇게 인간 사회가 굴러가는 것이지 그걸 무턱대고 젊은이와 노인의 양 계층을 분절시키려 갈등을 유도하는 그런 언행을 하시는 건 옳은 게 아닙니다.

당하지 않기 위한 연습

써놓고 보면 별것 아닌 것같이 생각되지만, 우습게만 볼 건 아니다. 우리가 수학 문제를 풀 때 답부터 보면 문제가 굉장히 쉬운 것이라는 생각이 들지만, 답안지가 제공되지 않는 시험 시간에 만나는 수학 문제는 우리를 엄청나게 곤혹스럽게 만든다. 위와 같은 원리들을 미리 확실하게 인지해 놓지 않으면 실제로 야비한 공격자가 호시탐탐 기회를 노리다가 갑자기 찌르고 들어오거나, 갑자기 싸움이 발생하게 되었을 때 적절한 대처를 하는 건 거의 불가능하다. 극단적으로 말해 논쟁을 잘하느냐 못하느냐는 지금까지 기술했던 것과 같은 원리들을 아느냐 모르느냐에 따라 좌지우지된다. 알면 어린아이 손목 비틀듯 쉽게 이길 수가 있고, 모르면 아무리 고생해도 쩔쩔매다 한심하게 당한다.

야구의 신이라는 김성근 감독은 배팅의 원리를 선수에게 체득시켜주기 위해 손의 피부가 터질 때까지 배트를 휘두르게 한다. 그 정도까지는 아니더라도 미리 자신이 패배했던 상황을 머릿속으로 잘 곱씹어 보고, 패배 기억을 유형별로 생각 연습해보는 게 필요하다. 패배를 되새기는 생각 연습은 많은 스트레스를 유발하는 일이지만, 그 스트레스를 감당할 수 있는 사람이 반복적 패배를 면할 수가 있겠다.

지금까지 소개한 방법들은 말하자면 기초 중의 생기초다. 이게 생기초인 이유는 조금만 주의 깊게 살펴보면 쉽게 포착할 수 있는 표면적인 공격 타깃이기 때문이다. 그러나 고수들과 싸울 때는, 지금까지 언급되었던 원리만 가지고 적절한 반박을 펼치기가 어려울 수 있다. 뭔가 잘못된 건 분명한데 그 잘못된 부분을 딱 꼬집어 줄 포인트 보이지 않는 경우를 우리는 많이 겪게 된다. 이런 난점을 해결하기 위해 우리는 눈에 보이지 않는 공격 요소까지 뽑아서 상대에게 역공을 가해줄 수 있어야 하는데, 이제 그 숨은 요소를 다뤄보기로 하겠다.

summary noet

상대방의 주장에서 맥락 공격을 하는 방법

1. 상대의 주장이 불러올 '결과'를 트집 잡는다.

   말 그대로 "네 말대로 했을 경우에는 매우 안 좋은 일이 생기게 된다."라는 것이다.

2. 결과 도출의 과정을 문제 삼는다.

   상대방의 주장에서 공격포인트를 잡는 2번째 방법은 상대방이 결과를 도출해 낸 과정이 잘못되었다고 트집을 잡는 방법이다.

당하지 않기 위한 연습

미리 자신이 패배했던 상황을 머릿속으로 잘 곱씹어 보고, 패배 기억을 유형별로 생각 연습해보는 게 필요하다. 패배를 되새기는 생각 연습은 많은 스트레스를 유발하는 일이지만, 그 스트레스를 감당할 수 있는 사람이 반복적 패배를 면할 수가 있겠다.

분명히 상대방 말이 틀린 것 같은데 뭐가 틀린 건지 알 수 없을 때

간교한 상대를 격퇴해서 공격하는 건 다른 이의 추가 피해를 막는 선한 행위이다

결국 상대를 공격한다 함은, 상대의 발언이나 입장, 인격 중의 하나 포인트를 잡아 트집을 거는 일이다. 여기서 포인트란 사실 정확히는 '꼬투리'에 다름 아니다. 꼬투리나 트집 같은 단어를 쓰니 어감은 나쁘지만, 어차피 중요한 건 우리가 이뤄야만 하는 선(善)의 목적이다. 칼로 사람을 찌르는 게 나쁜가? 그렇지 않다. 수술하려면 배를 찌르지 않고는 방법이 없다. 사람을 살리기 위해서도 찔러야 하는 때가 있는 법, 중요한 건 도구나 행위가 아니라 그것이 추구하는 궁극적인 목적이라는 점을 재차 강조하고 싶다.

부당하게 남을 공격하고 남을 누르고 자신의 향상을 도모하는 사람들에게는 우리가 할 수 있는 수단을 다해서 반격을 해줘야 한다. 반격을 위한 공격은 선행(善行)일 뿐이다. 왜냐면 남을 공격하는 사람을 물리치는 건 제2, 제3의 피해자를 줄이는 데 도움이 되기 때문이다. 이순신 장군이 왜군을 몰살시켰기 때문에 명나라 사람도, 만주 사람도 도요토미의 야욕에 피해받지 않을 수 있었다.

그러나 악한 상대를 물리치기는 쉽지 않다. 대개의 악당들은 강하다. 참 안타깝지만, 우주의 법칙상 그럴 수밖엔 없다. 악한 사람은 싸움을 많이 하게 되고, 그를 통해 전략 전술을 착한 사람보다 많이 습득하게 되기 때문이다. 결국 우리는 악당들이 잘 쓰는 기술을 똑같이 익혀 그들에 대항하는 수밖엔 없다.

상대의 말이 뭐가 틀렸는지 오류를 찾지 못하는 이유

역시 문제는 상대의 약점이 잘 보이지 않는다는 점이다. 일단은 지금까지 소개한 방법들, 즉 단어와 맥락에서 공격포인트를 잡으려 노력해본다. 그런데 아무리 상대의 말과 주장을 샅샅이 뒤져봐도 도저히 공격할 부분이 발견되지 않는다면 어떻게 해야 하는가?

이럴 때가 있다. 보통 우리가 상대방에게 말로 패배할 때는 크게 2가지 경우가 있는데, 일단 정말로, "아, 내가 틀렸구나. 저 녀석 말이 맞긴 맞는구나."라는 완패의 느낌이 드는 경우가 하나고, 다른 하나는 뭔가 반박할 말은 떠오르지 않는데 심정적으로는 상대방 말이 맞는다는 것이 전혀 동의가 되지 않는 경우가 다른 하나다. 후자의 경우는 이성이 캐치하지 못하는 부분을 직관은 느끼는 사안인데, 이런 상황은 대부분 상대의 잘못을 실력이 부족해서 짚어내질 못하는 것이다.

상대의 오류를 짚어내는 실력이 부족하다는 것은 상대의 말 이면에 숨어 있는 요소를 찾아낼 줄 모른다는 얘기다. 그 대표적인 게 바로 전제다. 분명히 터무니없는 주장이라고 보이는 데 딱히 반박할 말이 떠오르지 않는 주장들이 담고 있는 진짜 문제는 대부분 <전제>이다. 우리가 흔히 "말 자체는 맞긴 맞는데 뭔가 좀……."라는 것은 대부분 전제가 문제가 있는 경우이다. 주장에는 문제가 없어도 전제에는 문제가 있게 마련이므로, 상대의 오류를 찾아내는 걸 포기해선 안 된다. 눈에 보이는 공격포인트가 도저히 없을 정도로 상대가 완벽한 논리를 들고 나와도 포기할 필요는 없다. 상대의 말을 뛰어넘는 보이지 않는 곳에도 공격포인트는 얼마든지 있기 때문이다. 그 대표적인 것이 바로 상대의 주장이나 말 저편에 깔린 '전제'다.

그렇다면 전제의 오류는 어떻게 찾아내어야 할까? 이해하기 쉽게 전 챕터에서 예로 들었던 보육비 논쟁을 다시 살펴보자.

창수 : 부모의 양육비 부담이 너무나 커서, 세계 최고 수준의 저출산 현상이 벌어지고 있습니다. 무상보육은 반드시 실현되어야 합니다.
진수 : 무조건적으로 복지를 늘리자고 하는 건 후대에 책임을 전가하는 무책임한 태도가 아닐 수 없습니다.

여기서 창수가 진수의 말에 재반격을 가하려고 할 때, 진수가 떠들은 말 액면 그 자체에서는 공격의 포인트가 잘 도출되지 않는다. <무조건적으로

복지를 늘리자고만 하는 건 잘못된 것이다> 말 자체는 틀린 말이 아니다. 또, "복지 확대를 주장하는 사람들은 다 거지 근성을 가지고 있다."라는 괴상한 폭언을 한 것도 아니고, 딱히 꼬투리를 걸만한 부적절한 단어도 잘 보이지 않는 듯하다. 물론 복지를 늘리자는 입장에 서 있는 사람이 보기에 이런 문장은 마음에는 안 들겠지만 아무리 복지 확대 주의자라고 해도 무조건 늘리자고 이야기할 순 없으므로 액면 문장 그 자체만 놓고 봤을 때 따지고 들 게 별로 없다. 표면에서 허점을 찾을 수 없을 때 우리는 바로 관심을 상대 말이 사전에 이미 '가정' 하고 들어간 무언가, 즉 전제를 타깃으로 삼아야 한다. 여기서 진수의 말에서 전제 상의 문제점을 지적할 수 있는 것은 이거다.

<후대에 책임을 전가하기만 하는 건 무책임하다>

이 말이 등장하는 것은 사실 이상한 거다. 왜냐면 창수는 보육비를 지원해주자고 했지 "후세대의 세금으로 보육비를 지원해줍시다!"라고 하지는 않았기 때문이다. 바로 진수의 이야기에는, <복지비 = 후세대에게 떠넘겨 부과하는 것>이라는 정의가 전제로 깔린 것이다. 이를 통해 진수가 사용한 치사한 공격법은 크게 2가지인데,

1. 상대가 하지도 않은 말, 혹은 상대가 생각하지 않은 의도를 마치 한 것처럼, 조작(이미지 메이킹)하고 있다

→ 꼭 후세대에게 세금을 걷어서 보육비를 주자고 하지 않았는데, 마치 그런 말을 한 것처럼 이미지를 조장했다.

2. 상대의 주장이 가정하고 있지 않은 전제를 스리슬쩍 끼워 넣고 있다.

→ 보육비를 위한 재원은 후세대, 즉 젊은이들에게 걷게 된다라는 분명치 않은 가정을 확실한 대전제인것처럼 단정을 슬쩍 해버리고 있다.

사실 1번도 참 치사한 공격법인데, 이에 대해서는 뒤에서 더 자세히 다뤄보기로 하겠다. 일단 여기서는 상대의 보이지 않는 전제, 즉 2번 방법부터 알아보자. 위에서 진수의 의견에 반박하는 가장 좋은 말은 은근슬쩍 정해버린 진수의 가정적 대전제를 꼬집어, 꼭 그렇지 않다고 이야기를 해주면 된다.

"복지를 늘리자는 게 꼭 그 비용 부담을 젊은이들에게 죄다 떠넘기자는 것이 아닙니다. 왜 후세대에게 떠넘겨야만 비용이 나온다고 그렇게 무작정 단정하십니까? 중요한 건 앞세대냐 뒷세대냐가 아닙니다."라는 식이다.

주장 대부분에는 드러나지 않는 숨은 전제가 반드시 있다

균형을 맞추기 위해 정반대적 분석을 창수의 의견에 대해서도 해보자. 과연 창수도 은근슬쩍 그릇된 가정을 당연한 전제로 깔고 있는 부분이 없을까? 당연히 있다. 우리가 잊지 말아야 할 것은 대부분의 '주장'에는 숨은 전제가 거의 반드시 존재한다는 점이다. 상대 의견 속의 숨은 전제를 찾아내서 그게 근거가 없다는 걸 지적해줄 수 있다면, 뱀의 혀를 틀어쥐고 흔드는 것처럼 상대를 쉽게 제압할 수가 있다.

부모의 양육비 부담이 너무나 커서, 세계 최고 수준의 저출산 현상이 벌어지고 있습니다.

이런 숨은 전제를 찾아내자고 하면 유심히 보면 보인다. 딱 봐도 위 발언의 전제는 이젠 쉽게 보일 것이다. 세계 최고 수준의 저출산이 양육비 부담이 커서 나타난 일이라는 것이 창수의 전제다. 대부분의 경우 잘 드러내지 않고 전제를 숨겨 놓고 그 숨긴 전제로부터 의견을 펼쳐나가는 경우의 사람들은, 그 전제에 대해 깊이 생각을 안 해 본 이들이다. 스스로 당연하다고 생각했던 부분을 상대방이 갑자기,

"그게 어떻게 당연하냐?"

치고 들어오면 당황을 하게 마련이다. 꼭 잊지 말자. 상대방 주장이 뒤에 깔고 있는 숨은 전제를 끄집어내서 그게 어떻게 당연하냐고 지적해 주는 것이 싸움판을 내게 유리하게 이끄는 가장 쉬운 방법의 하나다.

상대가 당연하다고 은근슬쩍 전제한 부분을 공략하라

입학 사정관제도는 획일적인 기존의 입시 교육의 틀에서 벗어나 학생들의 다양성을 존중해주는 선발이 가능하다는 장점이 있습니다. 언제까지 한국 학생들을 시험공부, 찍기 공부의 틀 안에만 가둬놓으실 겁니까?

만일 당신이 입학 사정관제도를 반대하는 사람인데, 반대 측 인사가 위와 같은 이야기를 들고 나온다면 어떻게 반론을 펼쳐야 할까?

언쟁을 벌일 때, 싸움판을 유리하게 이끌어 나가는 원리는 크게,

1. 내 주장을 뒷받침하는 이야기를 하는 것과,
2. 상대 이야기가 틀렸다는, 혹은 허술하다는 걸 입증하는 말을 하는 것

이 있다. 이 중에서 무엇이 더 쉬운가? 두말할 나위 없이 2번이다. 하나의 주장을 흠결없이 구축하는 것은 너무나 어려운 일이나, 주장을 허물어뜨리는 것은 누구에게도 그 정도로 어려운 일이 아니다. 따라서 우리는 절대 먼저 주장을 내세우려 들지 말고 일단 기다리고 상대가 주장을 내세우면 그걸 깨부수는 방향을 잡아야 한다.

위의 입학 사정관제도에 대한 주장을 공격하는 입장에서 보면, 일단 쉽게 생각해 볼 수 있는 것은 입학 사정관제도가 오히려 학부모들의 사교육 부담을 늘려준다든가, 교육 혼란을 부추긴다든가, 입학 사정관들의 자질이 확실히 담보되기 어렵다던가, 하는 논거를 준비하는 건 첫 번째에 해당한다. 말하자면 상대의 주장에 반대되는 또 하나의 주장을 내세우는 것인데, 그다지 효율적인 방법이 아니다. 주장으로 상대 주장을 격파하려고 하지 말고 상대 주장의 허점을 공략하는 데 중점을 두어야 한다.

나의 이 조언을 따른다면 당신의 싸움은 아주 쉬워진다. 상대의 말에 오류가 있다고 입증하거나, 확실하지 못하다는 걸 입증하거나, 둘 중 하나를 해내면 된다. 일단 상대가 말을 하기 시작하면 이 2가지 중 하나의 가능성을 집중적으로 관찰해서 단초를 뽑아내도록 하자(물론 나는 당신이 선(善)의 입

장에 서 있다는 걸 전제로 이야기하는 것이다. 절대 잊지 말자. 주장보단 공격이 쉽다.).

plus tip

주장을 하지 말고 남의 주장을 공격하라

상대의 말에 오류가 있다는 걸 입증하는 데 중요한 열쇠 중 하나가 바로 전제 찾아내기다. 위 입학사정관제도를 옹호하는 사람이 은근슬쩍 깔고 있는 자기에게만 유리한 제멋대로의 전제는 무엇인가? 당신이 논쟁의 길을 잘 아는 사람이라면 아래와 같은 답을 식은 죽 먹듯 찾아낼 수 있어야 한다.

"입학 사정관제도에 반대한다고 획일적인 기존 입시체계를 무조건 찬성하자는 게 아닙니다. 그것과는 또 별개의 사안인 것이죠."

이 한마디를 바로 할 수 있다면 상대를 요리하는 건 그리 어려운 게 아니다. 원리는 아래와 같다.

나의 의견에 반대하는 건 악에 동조하는 것이다. (전제)
→ 너의 의견을 공격한다고 해서, 그게 네가 말하는 악한 상황과 유관성이 있는 건 아니다. 그건 잘못되고 편협한 전제에 불과하다.

다만, 이렇게 바로 상대가 깔고 있는 숨은 전제를 잡아내는 게 고수들을 상대로는 쉽지는 않을 수 있다. 그렇다면 어떻게 해야 상대방이 은근슬쩍 맞는다고 깔아놓은 전제를 빠르게 찾아내 뒤집어 깔 수 있을까? 이를 위한 기본 원리는 간단하다. 상대가 집중하여 부각하는 요소에 주의를 뺏기지 않는 것이다. 오히려 상대가 집중하여 부각하지 않은 부분에 집중하면 약점을 찾는 게 쉬워진다.

"그게 어떻게 당연하냐?"라는 지점을 찾아내면 승리는 가까워 온다

상대가 숨겨놓고 있는 근거 빈약한 전제를 찾아내서 그걸 뒤집어엎는 건 상대의 말 중에 "그게 어떻게 당연하냐?"라고 할 만한 지점이 없을지 살펴보는 것이다. 세상에 존재하는 거의 모든 주장은 어떠한 하나의 개념에 대한 '전제'를 당연시하게 밑에 깔고 있다. 그 당연시하고 있는 부분을 짚어내면 된다. 물론 원리는 간단하지만, 실제 적용을 막상 급하게 하려면 쉽지 않다. 말싸움에도 연습이 필요한 이유다. 아래 코멘트를 일종의 예제 삼아서 한번 생각해보자.

선행학습 금지 법안은 큰 실효가 없을 것입니다. 현실적으로 개인 과외 형식으로 교습이 이뤄지는 경우는 적발하는 것도 사실상 불가능합니다. 어차피 적발도 이뤄지기 어려운 것인데 현실성 떨어지는 법은 만드는 건 큰 의미가 없는 전시성 입법에 불과합니다.

이 사람은 과연 무엇을 은근슬쩍 '당연시' 해버리고 있을까? 일단 눈에 확 들어오는 것은 개인 과외라는 이 사람의 '논거'이다. 실제로 개인 과외로 하면 선행학습 금지를 위반하고 안 하고를 적발해낼 방법이 전무한 건 사실이다. 이 논거의 부각 효과가 너무 강해서, 멋 모르는 사람은 위의 말이 상당히 설득력이 있다는 느낌을 가질 수가 있다. 우리가 상대의 은근슬쩍 내려버리는 전제를 찾아내기 위해선 절대 상대가 강조하고 있는 포인트에만 주의가 쏠려서는 안 된다. 당연히 상대방은 자신이 자신 있어 하는 논거를 집중하여 부각하는 그걸 중심 화제로 고착화하려 할 것이다. 따라서 우리는 상대의 주 무기로 내세우는 논거를 가지고 왈가왈부하기보단 상대가 내세우는 메인 소재와는 다른 방향으로 흐름을 뒤틀어야 한다.

그러기 위해서 좋은 방법은 정확히는 상대의 핵심 논거 바로 앞과 바로 뒤를 주목하는 것이다. 위 사례에서는 개인 과외라는 상대방이 자신 있어 하는 논거를 주목할 게 아니라 그다음에 이어지는 말을 주목하면 숨은 전제를 찾아내는 게 쉬워진다. 분명히 상대가 자신 있게 내세우는 전제 앞과 뒤에 어물쩍 증빙되지 않은 명제를 참이라고 밀어붙이는 전제가 숨어 있다.

어물쩍 전제를 짚어 내면 승리는 따놓은 당상

이처럼 상대가 정확하게 증빙되지 않았는데 그게 당연한 것처럼 어물쩍 베이스로 깔고 논리를 펼쳐나가는 전제를 기억하기 쉽게 <어물쩍 전제>라고 부르자. 어물쩍 전제는 주로 상대가 자신 있게 내세우는 논거 앞말, 혹은 뒷말에 주로 숨어 있다. 이것만 제대로 짚어 발각할 수만 있다면 승리로 이르는 첩경을 발견한 것이나 다름없다.

위 사례를 놓고 본다면, 숨겨진 어물쩍 전제는 "적발이 어려운 사안은 법으로 만들면 안 된다."라는 것이다. 상대는 선행학습이 적발이 쉽냐, 어렵냐라는 것을 메인테마로 가져가고 싶어 하겠지만 그대로 따라 가주지 않으면 된다.

결국 지금 말씀하시는 건 적발이 어려워서 법을 만들지 말자는 얘기신데요. 그럼, 적발이 어려우면 모든 일은 다 용인해주어야 합니까? 그럼 마약 적발이 어려워지면 마약 금지법도 폐지해야 하겠군요? 단지 적발이 어렵다는 이유만으로 법을 만들면 안 된다는 논거를 드시는 건 매우 허술한 논리전개입니다.

또 다른 어물쩍 전제로는 "현실성이 떨어지면 법으로 만들면 안 된다."라는 것이 있었다. 이 역시 짚어주면 얼마든지 전제 파괴형 공격을 할 수 있다.

현실성이 부족하다고 말씀 주셨습니다만, 정말 그게 이유라면 현실성을 다소 보완해서 법과 규제를 만들면 되지 않겠습니까? 꼭 원천적으로 아무것도 하지 말 필요가 있겠습니까? 그럼 성매매 금지법도 현실성 떨어지니 없애자고 하시겠군요?

이것뿐만 아니다. "현실성 떨어지는 법은 만드는 건 큰 의미가 없는 전시성 입법에 불과합니다."라는 것도 얼마든지 어물쩍 전제로 집어내 파괴할 수 있다. 이 말은 [현실성 떨어지는 입법 = 전시성 행정] 이라는 명제를 말로 풀은 것인데, 이 역시 공격포인트가 된다.

선행학습 금지법이 전시성 입법이라고 단정하십니다만, 지나치게 상대방의 입장을 일방적으로 왜곡하고 계십니다. 한국의 청소년, 학부모들이 지나친 과다 경쟁으로 경제적, 정신적으로 얼마나 피폐해져 있는지 조금도 이해를 못하고 계시는 것 같습니다.
수십 년간 한국 사회의 큰 문제인 교육 문제를 개선하기 위한 고민이 왜 무조건 전시성 입법입니까? 이 문제의 심각성에 대해 몰이해가 좀 심하시군요.

이처럼 상대가 자신 있게 내세우는 논거나 논리에 시선을 빼앗기지 말고 그 앞과 뒤 숨은 부분에 집중해서 상대가 제멋대로 정해놓은 어물쩍 전제, 어물쩍 명제에 집중하면 공격은 몇 배로 쉬워진다. 언쟁에서 꼭 잊지 말도록 하자.

summary noet

주장 대부분에는 드러나지 않는 숨은 전제가 반드시 있다

우리가 잊지 말아야 할 것은 대부분의 '주장'에는 숨은 전제가 거의 반드시 존재한다는 점이다. 상대 의견 속의 숨은 전제를 찾아내서 그게 근거가 없다는 걸 지적해 줄 수 있다면, 뱀의 혀를 틀어쥐고 흔드는 것처럼 상대를 쉽게 제압할 수가 있다.

상대가 당연하다고 은근슬쩍 전제한 부분을 공략하라

하나의 주장을 흠결없이 구축하는 것은 너무나 어려운 일이나, 주장을 허물어뜨리는 것은 누구에게도 그 정도로 어려운 일이 아니다. 따라서 우리는 절대 먼저 주장을 내세우려 들지 말고 일단 기다리고 상대가 주장을 내세우면 그걸 깨부수는 방향을 잡아야 한다.

어물쩍 전제를 짚어 내면 승리는 따놓은 당상

어물쩍 전제는 주로 상대가 자신 있게 내세우는 논거 앞말, 혹은 뒷말에 주로 숨어 있다. 이것만 제대로 짚어 발각할 수만 있다면 승리로 이르는 첩경을 발견한 것이나 다름없다.

숨어있는 공격포인트를 찾는 방법

지금까지 상대의 말에서 뽑아낼 수 있는 총 4가지의 공격 지점을 이야기했다.

①단어

②결론 도출 과정의 오류

③결론이 불러올 피해

④이론적 전제

이 4가지는 논쟁에서 기본 중의 기본이 되는데, 경우에 따라 상대방이 고수여서 아무리 집중해 봐도 이 4가지 공격포인트를 적절히 도출하지 못하는 경우도 있다. 아무리 찾아봐도 상대의 말 중에서는 약점이 없는 경우, 싸움을 하다 보면 자주 만나게 되는 가장 난감한 상황이다.

그러나 이런 상황이더라도 승리를 위한 집요함을 포기해선 안 된다. 이 4가지 모두를 찾아낼 수 없더라도 마지막으로 쓸 수 있는 카드가 하나 있다. 이건 잘 보이지는 않지만 가장 강하게 상대를 타격할 수 있는 조커 같은 히든카드다.

보이지는 않지만 가장 강력한 공격의 포인트 - 상대의 의도를 공격한다

그건, 바로 상대방의 의도다. 기억하자. 상대의 말에서 도저히 공격포인트를 찾아낼 수 없을 때는 상대의 의도를 공격한다.

1. 상대방의 말에서 파고들어 갈 부분이 보이면 그걸 집요하게 물고 늘어진다.
2. 상대방의 말이 합리적으로 타당성이 높아 비집고 들어갈 틈이 없으면 상대방의 의도를 공격한다.

이 2가지 물줄기 중 한 가지를 따라 가면 된다. 다만, 각각의 물줄기에서 제대로 서핑하려면 세부적 공격법의 종류들이 무엇이 있는지 인식해 놓는 일은 필요하다. 물론 이때 대부분의 공격은 왜곡, 혹은 악의적인 해석을 통해 이뤄진다.

이 중 지금부터 본격 소개할 의도에 대한 공격은, 아주 강력한 효과가 있는 방법인 동시에 몹시 더러운 스킬이기도 하다. 아래와 같은 지저분한 예를 한 번 보자.

A : 아이돌 그룹들의 과도한 노출 경쟁은 규제를 통해서라도 자제시켜야 합니다.

B : 그건 몸매가 떨어지는 사람의 열등감 표출일 뿐이다.

A : 지나치게 사람을 경제력만으로 판단하는 계산적 태도는 옳지 못합니다.

B : 그건 돈 없고 무능한 자들의 질투심의 발로에 불과하다. 무능한 주제에 불평불만만 많구나!

당하는 입장에선 꽤 기분 더러워지는, 그야말로 언쟁에서나 나올 반격인데, 위 2개 사례의 공통점은 모두 상대방의 발언이 아니라, 상대방의 의도를 공격의 타깃으로 삼았다는 것이다. 굉장히 저급하긴 한데 실제로 저러한 류의 반격이 마음에 거슬려서 해야 할 소리를 못하는 경우가 많다는 것도 무시할 수 없는 사실이다.

사실 주장 자체의 논리만 봐서는 위 A의 의견들이 문제가 있는 건 아니다. 그러나 B는 A가 "질투, 시기, 열등감" 등의 추접스러운 속내를 가지고 있다고 그 의도를 집어내어 공격포인트로 살리고 있다. 사용하기에 따라서 내가 앞에서 제시한 발과 주장을 토대로 도출하는 4가지 공격포인드보다 몇 배는 더 심한 타격을 상대에게 줄 수 있는 그야말로 히든카드다.

물론 위 2 사례에서 보이는 B의 <의도 공격>은 바람직한 건 아니다. 가장 치사한 형태 중 하나일 텐데, 그렇다고 의도 공격이 모두 이처럼 야비한 것만 존재하는 것은 아니다. 반대로 진짜 상대가 욕심과 지저분한 의도를 가지고 있는 걸 제대로 드러내어 갤러리들이 보다 진실에 다가가게끔 해주는 순방향적인 공격도 존재한다.

권 팀장 : 자네는 뭐가 그리 불평불만이 많은가? 그래도 우리 회사는 비교적 다른 데에 비해서 좋은 곳이야. 여기서도 그렇게 군말이 많으면 다른 데 가면 어떻게 먹고 살려고 그러나?

유 대리 : 무조건 팀장님 생각과만 다르면 의견을 불평불만으로 몰아가려 하시는데요. 그렇게 회피하려고만 하지 마시고요.
이건 불평불만이 아니라 회사의 발전을 위해서 드리는 말씀입니다.
지금의 불균형적인 조직구조를 개선해야 고객도, 직원도 더 좋은 서비스를 주고받을 수 있습니다.

우리 주변에서 유사하게 볼 수 있는 간단한 사례인데, 여기서 권 팀장과 유 대리는 모두 언쟁 테마에 해당하는 조직구조 개선을 논하는 게 아니라 상대방의 속내, 의도에 공격 초점을 맞추고 있다. 물론 먼저 치사한 공격을 시작한 건 권 팀장이다. 그는 비판을 개진한 유 대리의 의견을, 일하기 싫어서 내뱉는 한낱 불평불만적 의도의 발로로 매도를 하고 있다.

여기서 유 대리 역시 상대의 의도에 대한 공격으로 맞불을 놓는 양상이다. 유 대리는 권 팀장을 사안에 대한 직접적 논쟁을 <회피하려는 의도>를 가진 것으로 카운터를 가하고 있다. 이건 상대가 의도 공격을 가할 때 그에 대한 카운터로 쓸 수 있는 가장 흔하고 좋은 패턴의 공격이다.

<plus tip>

상대방이 나의 의도를 왜곡하려 들 때 역시 같은 방식으로 상대의 의도를 비틀어 되갚아 준다.

ex) "그런 식으로 근거 없이 상대를 비난하는 것으로 회피하려 하지 마시구요. 사안에 대해 제대로 이야기해보시죠"

이 카운터의 패턴은 꼭 기억해 두도록 하자.

의도 공격의 종류들

이와 같은 의도 공격에는 구체적으로 어떤 종류들이 있을까? 인간이 가질 수 있는 부정적 심리를 갖다 끼워 맞춘다라고 생각하면 된다.

① 너는 부정한 것을 옹호하려고 그런 말을 하는 것이다.

상대방에게 무언가 숨기고 있는 음험하고 잘못된 의도가 있다고 공격하는 것이다. 아래 예를 보자.

<선행학습 금지법에 관하여>

A : 선행학습 금지법은 현실적으로 무의미한 법이다. 선행 학습에 대

한 정확한 정의는 무엇인가? 모호함으로 빚어지는 각종 혼란을 더 부추길 것이며, 하물며 이 법은 기본권을 침해의 소지도 크다.

B : 왜 그렇게까지 사교육을 옹호하려 드시는지 잘 모르겠습니다. 한국 학생과 학부모들이 사교육으로 받는 고통을 뻔히 아시면서, 속으로 그렇게 사교육을 감싸고만 도시는 무슨 이유가 있으신가요?

물론 따지고 들면 들춰낼 순 있겠으나, A의 말들 자체는 눈에 확 띄는 큰 오류를 담고 있거나 하질 않다. 이럴 때 사안 자체에 대해 왈가왈부하거나 상대가 제시한 덫(여기서는 선행학습에 대한 정확한 정의) 등등에 질문에 대해 받아쳐 주기 시작하면 페이스가 말리게 된다. 우리는 상대가 제시한 말의 범위 내에서 사고의 틀이 갇혀서는 안 되며, 그 이면을 언제나 볼 수 있어야 한다. 이른바 전략적 접근이다.

짜여진 판 내에서 최대한 좋은 플레이를 펼치는 게 전술적 능력이라면, 판 자체를 쥐고 흔드는 게 전략적 사고이다. 이건 비단 거창한 전쟁이나 기업 경영에서만 적용되는 얘기가 아니라 사내정치, 개인 간의 알력 등 우리네 밑바닥 인생에서도 충분히 적용될 수 있고 적용되어야만 하는 개념이다.

위에서 B가 잘하는 점은 상대가 제기하고 있는 논점들을 전혀 받아주지 않는다는 것이다. 상대가 제기하고 있는 여러 사안들을 받아 주는 것이 아니라, 상대가 그릇된 의도를 가지고 말을 둘러대고 있다고 공격을 했다. 이와 같은 방식이면 상대가 정성 들여 준비해온 논리와 논거를 고민해서 반박할 필요 없이 그 모든 것들을 그냥 쓸모없게 만들어 버리는 게 가능해

진다.

A 팀장 : 보고서를 이따위로 쓰면 안 되지. 이 오타들 봐. 기본이 안 된 행태 아냐?

B 팀장 : 어떻게든 잘못하는 것 하나 꼬투리 잡으려고 하다가 하나 보이니까 득달같이 달려드는구먼. 그게 무슨 대단한 거라고 그 호들갑을 떨고 침소봉대하는 거야.

위에서도 마찬가지다. 상대가 제기한 보고서내의 오류를 제1의 테마로 다루는 게 아니라, 상대의 의도쪽으로 방향을 트는 것이다. 순간적으로,

"아, 이 주제로 계속 붙어봐야 내가 이길 수 없겠다."

라는 판단이 든다면, 바로 상대방의 추접스러운 의도 때문에 발생한 문제 제기라는 쪽으로 얘기를 잽싸게 틀어야 한다. 당신은 이런 판단을 빠르게 내릴 수 있어야 한다.

Plus Tip

1. 상대가 제시한 논점, 테마를 절대로 순순히 받아주지 마라
2. 상대가 들고 있는 논점의 초점이 내가 불리하다 싶으면 잽싸게 상대의 추접스러운 의도 쪽으로 논의의 방향을 틀어야 한다.

② 너의 진정한 의도는 나를 음해, 공격하는 것일 뿐이다

모든 말싸움의 기본적 논제는 "네 말이 맞느냐, 내 말이 맞느냐?"이다. 그러나 모든 말싸움이 여기서만 머무는 것이 아니다. 지금 논의되고 있는 사안과 별 상관도 없는 과거 일이나 인격모독, 협박 등이 늘 횡행하는데, 싸움의 고수는 이 역시 잘 이용한다. 능숙한 이들의 패턴은 해당 사안이 직접적인 옳고 그름의 논쟁으로 붙어 이길 만하면 거기서 승부를 보고 아니면 다른 테마를 끌어들여 판을 혼탁하게 만드는 것이다.

A : 이번에 C 대리가 제출한 영업 기획안은 고객 접촉 방식에서 클레임 제기의 소지가 있습니다. 행여나 클레임이 다수 발생하면 그걸 뒤치다꺼리할 사람은 C 대리가 아니라 고객상담팀 직원들이 됩니다.

B : 타인의 좋은 실적을 시기하며 무턱대고 비판하는 건 좋지 않은 태도일세. 동료의 생각을 비판만 하지 말고 그럼 자네가 C 대리보다 더 좋은 안을 내놔봐?

모든 말싸움에는 목적이 있다. 싸움 자체가 나쁜 것이 아니고, 그걸 통해 추구하는 목적이 무엇이냐가 실상은 중요하다. 많은 경우 겉으로 드러내는 목적과 실제 속으로 추구하는 목적은 다르게 되는데, 실례로 정치인들이 토론할 때 표면에 내세우는 목적은 국가 발전, 국민통합 같은 것들이지만 실상은 자신의 영달인 경우가 많다. 우리네 일상생활도 마찬가지로 직장 내에서, 친목 모임에서, 비즈니스 협상을 하면서, 겉으로 내세우는 명분은 그럴듯해도 실상은 다 남을 이겨 먹고 자신만의 실리를 편취하는 게 목적이다.

이렇게 때문에 우리는 논리나 논거뿐만 아니라 눈에 보이지 않는 상대의 '목적'을 공격 대상을 삼을 수가 있게 된다. 위의 대화에서 A는 영업방식이 고객 클레임을 야기할 위험성이 있다는 합리적 리스크를 제기하고 있다. 이에 대해 받아치는 정석은 해당 영업 방식으로 해도 현재보다 더 클레임 발생도가 올라가지 않는다는 근거를 드는 게 아니라, 상대가 숨기고 있는 '목적, 의도'를 끄집어내서 망신을 주는 공격법을 택하고 있다.

사회에서 승승장구하는 소위 출세형 소시오패스나, 강한 경쟁심을 바탕으로 남을 이겨 먹는데 익숙한 머리 좋은 이들은 당신을 공격할 때 절대 논리나 논거로 이뤄진 정공법으로만 상대하려 들지 않는다. 그들이 궁극적으로 추구하는 건 당신을 나쁜 놈으로 만드는 것이며, 속수무책으로 당하지 않기 위해선 미리 선제적으로 공격을 해놓을 필요가 있다.

"지금 저를 공격하려고 많이 애를 쓰시는데 말이죠."

"지금 ○○○에 대해 과도한 경쟁의식을 갖고 견제를 하시는데 말입니다."

"왜 그리 상대를 깎아내리려고 하시는지 모르겠습니다"

"사실은 이 일을 위해서가 아니라 시기 질투로 인한 공격이 진짜 목적 아닙니까?"

라는 뉘앙스로 상대방을 덧칠하는 멘트를 적절히 응용 구사하여 놓고 싸움을 시작하면, 나는 몹시 편해지고 상대는 매우 힘들어진다.

이런 방법은 일상생활에서의 말싸움에서도 유용하지만, 특히 정치권에서 엄청나게 횡행한다. 정치권에서는 자기 당이 잘못한 것을 상대 당이 공격해오면 가장 흔히 하는 대꾸가, "정치 공세 하지 마라."라는 것이다. 즉 이 사안을 국민이 원하는 대로 해결하는 게 목적이 아니라 너의 진의는 당리당략 아니냐는 것이다. 이 정치공세 하지 말라는 정쟁의 단골 메뉴를 우리네 일상생활에서도 적절히 활용해 나가도록 하자.

③ 네 진짜 목적은 너의 이기적 실리를 취하려는 것일 뿐이다

이기기 위해 최대한 상대의 의도를 최대한 불순한 것으로 몰아가는 것. 굉장히 야비한 방법인 것 같지만 우리네 말싸움에서 보자면 중국집의 단무지, 치킨집의 닭다리처럼 절대 빠지지 않는 필수 메뉴 중의 하나다.

위와 비슷한 유형의 방법으로 상대방의 진짜 의도를 이기적인 사리사욕으로 매도하는 것도 좋은 전술이다. 일단 상대가 무언가의 의견을 제기하면 그 의견의 맞고 그름을 떠나 일단 그 속 의도를 '이기적이고 추접스러운 사리사욕 추구'로 매도를 하고 시작하는 것이다.

A : 이번에 팀장님께서 말씀하고 계신, ○○공사 입찰 건에는 꼭 참여해야만 합니다. 이윤은 크지 않아도 장기적으로 다양한 파생 사업들이 나올 수 있습니다.

B : 팀장님께 이 기회에 아부를 하고 싶으신가 본데, 아부를 위해 회사

의 자원을 쓸데없이 낭비해서야 되겠습니까? 해봐야 이익이 남질 않는 일에 왜 참여해야 하며, 파생 사업도 있을지 없을지 미지수인 것 아닙니까?

A : 이번 우리 ○○시의 복지 예산을 2배로 늘리고 무료 급식도 3배수로 확충하여 복지 선도 지역구를 만들어 봅시다.

B : 언론 한 번 타서 유명세를 타고 싶으신가 본데, 그런 포퓰리즘적인 정책으로는 더 이상 지역민들의 지지를 얻을 수 없고, 빚덩이 예산만 후임자들에게 물려줄 뿐입니다.

A : 이번 15기 학생회장에 출마하는 박탁공입니다. 저는 이번에 회장에 당선되면 여성 학우 휴게실을 기존의 2배로 늘리도록 하겠습니다.

B : 여성의 환심을 살려고 생각도 없이 공약을 남발하시는데, 공간 제약이 있는데 그럼 기존에 이미 쓰던 장소들을 어떻게 폐지해서 휴게실을 늘릴 건가요? 여성 학우들이 그런 말도 안 되는 수준 낮은 사탕발림에 넘어갈 거라고 생각하십니까?

상대의 의도를 최대한 악의적으로 해석할만한 여지가 없는지 살핀 후 그걸 상대의 본심처럼 포장하는 방식이다. 이때 상대방이 추구하고 있다고 지적할 개인의 욕심은 누가 봐도 추접스러운 욕망으로 보일만한 걸 선택

하면 공격 효과가 더욱 크다. 물론 이게 일방적이고 악의적인 왜곡일 수도 있지만, 경우에 따라선 되려 진실에 가까운 지적이 될 때도 있다.

이런 방법은 추접스러워 보이나 사실 품격 있고 지위 높은 정관계 인사들 역시도 무수하게 사용하는 것이기도 하다. 예를 들자면 너무 많은데, 최근 들어 규제 개혁과 관련된 여러 언론의 보도가 있었다. 그때마다 등장하는 논란이 국회의 입법에 대한 아래와 같은 논쟁들이다.

A : 의원 입법이 갈수록 많아지는 추세다. 국회 의원들의 과도한 입법 경쟁이 규제의 양산을 불러와 경제 활동을 위축시킬 수 있다. 의원 입법을 통한 규제 신설을 잘 관리하지 않으면 반쪽자리 규제 개혁이 되고 만다.

B : 그와 같은 발언은 국회를 경제 발전의 걸림돌 정도로 규정하고 정부의 입맛에 따라 움직이는 로봇이어야 한다고 보는 삐뚤어진 인식이다.

정부 측은 국회의원들의 입법이 욕심에서 비롯된 과다한 입법 경쟁이라고 그 의도를 깎아내리고 있고, 야당 역시 이런 정부의 의사 표현이 단지 국회를 견제하려는 이기적 의도에 비롯된 것이라 반박하고 있다. 양자의 공통점은 공격의 초점을 상대의 행위가 지니고 있는 <목적, 의도>에 맞추고 있다는 것이다. 상대방이 하는 행위가 겉으로 드러나는 부분 이외의 다른 의도가 있다는 것을 끄집어내려고 하는 것이다.

사실 따지고 보면 위와 같은 논쟁은 무의미하고 수준도 낮은 것이다. 국회의원들의 입법이 많다고 해서 10개면 10개가 다 무의미한 규제는 아닐 것이고, 옥석을 가려서 정확히 무슨 입법이 문제였는지 콕 집어서 지적을 하면 되는데 그걸 못하고 그저 의원들이 욕심만 부리고 있다는 식 정도의 말에만 그치고 있다. 그에 대한 B의 반박 역시 마찬가지로 입법 증가가 실제 경제활동을 위축시키고 있지 않다는 근거를 제시하지 못하고 그저 상대의 의도만을 나쁘게 표현하고 있을 뿐이다.

이런 형태는 우리네 일상에서도 정말 자주 볼 수 있는 것인데, 역시 따지고 보면 품격 있다는 정관계 사람들이나 평범한 우리들이나 수준이 크게 다르지가 않다는 점을 잘 알 수가 있다.

'무언가 숨기고 있다.'는 뉘앙스를 풍기면서 의도 공격을 가하라

위와 같은 3가지 의도 공격을 가할 때는 상대가 해당 의도를 "치사하게 숨기면서 겉으로는 딴소리를 한다."라는 패턴으로 이야기를 해주는 게 기본이다. 이는 최대한 상대방을 치사한 존재로 만들 수 있다는 점에서 잘만 사용하면 아주 더러운 무기가 될 수 있다.

A : 이번 ZZ 컨설팅 수주 건은 ○○ 컨설팅 팀과 함께 참여를 해야 합니다. 그쪽에는 이 분야 컨설팅에 대한 많은 경험과 자료가 있습니다.

B : 왜 그렇게 그쪽을 굳이 끼워주려고 하시나요? 특별히 개인적인 목적이 있으신 건가요?

물론 위와 같은 형태로 말하는 건 누명을 뒤집어씌운다는 역풍을 맞을 수도 있다. 그저 형식을 파악하기 위한 것이라 봐두면 되겠다. 이렇게 O-X가 확실히 가려질 소재로 오명을 씌우기보다 뭔가 진의를 파악하기가 어려운 내용으로 상대를 깎아내리는 방법도 있다. 아주 흔히 접할 수 있는 사례로 동생이 있는 사람들한테 몇 차례 들은 이야기인데, 분명히 동생이 잘못된 행위를 해서 그걸 꾸짖었을 뿐인데 그걸 동생이 부모의 애정을 빼앗아 가는 걸 샘내서 그러는 것이라고 말해서 굉장히 억울했었다는 것이다. 상대방을 보다 더 짜증스럽게 만들려면 보통은 이런 공격법을 취해야 한다. 위의 B가 말하는 사례처럼 상대에게 오명을 씌우는 경우는 명백한 증거가 있으면 그걸 격퇴할 수가 있다. 그러나 형이 동생을 시기 질투하고 있다는 건 정말 그렇지 않은지 확실히 증명할 방법이 없다. 이렇게 확실히 증빙되지 않는 애매한 사안을 가지고 상대에게 오명을 뒤집어씌우면 상대방에게 심리적 불편감을 줘서 싸움을 유리한 방향으로 이끌기가 쉬워진다는 원리다.

상대방에게 의도 공격을 할 때는 반드시 O인지 X인지 명확히 증명할 수 없는 애매한 누명을 씌워서, 역풍에 대한 대비도 하고 동시에 상대방을 난처하게 만들어 나가도록 하자.

공격의 대상 포인트 잡아내는 법 총정리

어떠한 사태가 닥쳤을 때 우리가 허둥지둥 대는 까닭은 문제 해결의 공략 포인트, 그 위치를 모르기 때문이다. 지금까지 악의적으로 우리를 공격하는 상대방을 격퇴하기 위해 적으로부터 공격의 포인트를 찾아내는 방법을 종류별로 쭉 살펴보았다. 정리해보자.

1. 단어
2. 결론 도출 과정
3. 상대의 말대로 하면 찾아올 '결과(부작용)'
4. 상대의 숨은 전제
5. 상대의 숨은 의도

이 공격의 틀은 어떠한 형태, 어떠한 테마로 상대방을 공격하든지 간에 기본 중의 기본이 되는 말싸움의 틀이다. 이 틀을 숙지한 상태에서, 다양한 전술을 펼쳐나가야 하는데, 다음 장에서는 이 공격의 포인트를 기반으로 테마별 천변만화하는 응용전술을 하나하나 자세히 알아볼 것이다.

언급했지만, 이를 알아 두는 것은 꼭 자신의 야욕을 위해 남을 눌러 꺾는 것만을 위하는 게 아니라, 상대방의 야비한 공격으로부터 나를 지킴과 아울러 악을 공격하여 올바른 정의를 내 생활 속에서 구현해 나가기 위한 것임을 재차 강조하고 싶다.

선(善)은 악을 행하지 않은 것뿐만 아니라 악을 물리치는 것까지를 의미한다.

summary noet

보이지는 않지만 가장 강력한 공격의 포인트 - 상대의 의도를 공격한다

1. 상대방의 말에서 파고들어 갈 부분이 보이면 그걸 집요하게 물고 늘어진다.
2. 상대방의 말이 합리적으로 타당성이 높아 비집고 들어갈 틈이 없으면 상대방의 의도를 공격한다.

의도 공격의 종류들

① 너는 부정한 것을 옹호하려고 그런 말을 하는 것이다.

상대방에게 무언가 숨기고 있는 음험하고 잘못된 의도가 있다고 공격하는 것이다.

② 너의 진정한 의도는 나를 음해, 공격하는 것일 뿐이다

해당 사안이 직접적인 옳고 그름의 논쟁으로 붙어 이길 만하면 거기서 승부를 보고 아니면 다른 테마를 끌어들여 판을 혼탁하게 만드는 것이다.

③ 네 진짜 목적은 너의 이기적 실리를 취하려는 것일 뿐이다

이기기 위해 최대한 상대의 의도를 최대한 불순한 것으로 몰아가는 것. 굉장히 야비한 방법인 것 같지만 우리네 말싸움에서 보자면 중국집의 단무지, 치킨집의 닭다리처럼 절대 빠지지 않는 필수 메뉴 중의 하나다.

제2장

현실에서 바로 써먹을 수 있는 실용 전술편

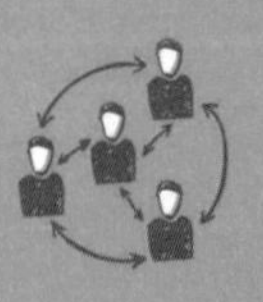

공격을 몰아가는 길

악의 역할, 그 두 가지 종류

상대방의 말이나 의견에서 공격포인트를 집어낸 후에는 그것을 변형 왜곡시키며 상대에게 궁극적으로 그 사람에게 전장에서 설명한 <악의 역할>을 배정해내는 패턴은 크게 2가지 길이 있다.

1. 상대를 나쁜 사람(나쁜 의견)으로 몰아간다.
2. 상대를 어리석은 사람(틀린 의견)으로 몰아간다.

노골적으로 말하면 상대를 나쁜 놈으로 모느냐, 멍청한 놈으로 모느냐

2가지 길이 있는 것이다. 물론 나쁜 놈도 여러 종류가 있고, 멍청한 놈도 여러 종류가 있다. 세부적으로 하나하나 살펴나갈 텐데, 일단 이 2개의 큰길을 머릿속에 넣어 두면 익혀 나가기가 편하다. 영어로는 Bad & Wrong 정도로 표현할 수 있겠다.

이번 장에서는 상대의 말을 왜곡하여 악의 틀에 가둘 수 있는 Bad & Wrong의 프레임을 하나하나 배워볼 것이다. 상대의 말에서 공격포인트를 정확히 짚을 줄 알고, 그걸로 상대를 나쁜 쪽으로 몰아가는 패턴을 익힌다면 당신은 공격의 달인이 될 수 있고, 또 공격을 막는 것의 달인이 될 수도 있다.

가장 기본적인 공격술 → 몰아가기 전법

모든 스포츠는 공격과 방어로 구성되어 있는데, 각각에는 가장 기본을 이루는 토론 승리의 기술이 존재한다. 축구나 농구에는 슛이 그것이고, 복싱이라면 원투 스트레이트가 있다. 사회생활 속에서 벌어지는 정신적 대결에서도 공격의 기본이라 할 만한 기술이 있다. 교활한 이들이 선량한 우리를 공격할 때 가장 주된 무기로 등장하는 것, 그것은 바로 '몰아가기'이다. 예를 들어 아래의 간단한 대화를 보자.

학생 : 선생님, 헤어스타일은 제 개성이라서 도저히 스포츠로는 자르기 싫습니다.

교사 : 뭐? 너 지금 선생님께 반항하는 거냐?

학생 : 선생님, 야간 자율학습을 하기가 싫습니다.
교사 : 뭐? 너 지금 선생님께 반항하는 거냐?

학생 : 선생님, 왜 교복을 줄여 입으면 안 되나요?
교사 : 뭐? 너 지금 선생님께 반항하는 거냐?

몹시 간단해 보이는 이 대화는 능숙한 말싸움쟁이들이 교묘하게 사용하는 언어 왜곡의 원리를 아주 잘 보여준다. 위의 대화에 나오는 교사는 학생이 무슨 언행을 하든지 간에 그것을 '반항'이라고 단정하면 공격하고 있다. 기본적으로는 전 챕터에서 말한 공격의 대상 중 <의도>에 초점을 맞춘 왜곡인데, 여기서 교사의 화법에 우리가 주목해야 봐야 하는 이유는 그가 공격 대상자를 상대할 때 몰아가는 왜곡의 최종적 목적 지점을 명확히 정하고 있다는 점이다. 그리고 그 기정된 목적 지점에 공격 대상자의 의도를 그저 '갖다 놓고' 만 있다. 이건 몹시도 효율적이고 편한 공격법이다.

이게 편한 공격법인 이유는 상대방이 제기하는 논리나 근거 따위에 구애받음 없이 다이렉트로 상대방을 곤경에 몰아넣는 게 가능하기 때문이다. 굳이 머리 아프게 이론적으로 싸울 필요가 없다. 상대방이 무슨 이야기를 하건 미리 지정해 놓은 부정적 인간상, 혹은 부정적 의도 상의 틀 안에 있는 이야기일 뿐이라고 몰아가면 된다. 이건 마치 사냥꾼이 미리 특정 지역에 함정을 파두고, 그쪽으로 사냥감을 몰아가는 것과 유사한 원리다.

여기서 교사가 우리에게 주는 중요한 시사점은 언쟁이 시작됨과 동시에 상대를 정확히 어디로 몰아갈지를 미리 정해놓고 싸움에 뛰어들어야 유리하다는 것이다. 세상 어떤 일이든지 잘 안 풀리는 가장 근원적인 이유는 목적이 불분명하기 때문이다. 정확히는 가야 하는 목적지 위치가 막연하기 때문이다. 매일매일의 공부가 잘 진척이 안 되는 이유는? 오늘 해야 할 목표량을 제대로 정해지지 않기에 적당히 시간만 때우고도 자기만족을 해버리기 때문이다. 상대와의 신경전, 언쟁도 마찬가지다. 상대를 정확히 가둬버릴 적절한 프레임을 처음부터 설정하고 들어가야지 싸우면서 찾으려면 제대로 되기가 어렵다. 말싸움이라는 건 언제라도 나름의 긴박성을 가지고 있어서 그때그때 최적의 결정을 순간순간 다 내리기는 너무나 어려운 것이다.

일단 "상대를 어떤 방향으로 몰아가겠다."라는 컨셉을 정하고 그 컨셉이 자체적으로 가지는 힘이 강력하다면 위의 학생과 교사 대화처럼 주절주절 언쟁할 필요 없이 간단하게 상대를 셧아웃시킬 수가 있다.

물론 위의 학생과 교사의 대화가, 교사가 말을 잘해서 셧아웃시킨 게 아니라 그저 사회적인 힘이 강해서라고 생각할 수 있겠으나, 바로 그러한 자신의 우월한 전략적 요건을 최대한 활용해 간단하게 제압하는 것 역시 말의 기술이라 할 수 있다.

몰아가는 목적지를 정해놓고 언쟁을 시작해라

위의 교사가 학생을 '반항아' 모는 것처럼, 합리적인 논리나 논거 따위는 가볍게 찍어 누를 수 있는 관념적 공격의 틀을 편의상 <네거티브 프레임>이라고 부르겠다. 싸움꾼들은 바로 이 네거티브 프레임을 잘 알고, 그걸 적에게 즉각 즉각 잘 적용을 해대는 사람들이다. 일단 네거티브 프레임의 종류를 잘 숙지하고 있는 상태에서 전 챕터에서 살펴본 공격의 5대 포인트를 예의 주시하고 있다가 이거다 싶으면 바로 그 프레임을 덮어씌워 매도를 하는 것이다.

이를 잘 활용하기 위해서는 공격의 대상 포인트를 알고 있는 것만으로는 부족하다. 공격의 대상 포인트 지점에 대한 숙지를 기반으로, 정확히 상대방을 몰아가는 최종 목적지, 즉 네거티브 프레임의 '예시'들을 많이 알고 있어야 필요할 때 바로바로 적절한 공격의 방향성을 정해나갈 수가 있다. 즉, 공격력은 공격 대상과 그 대상을 활용하여 상대를 매도의 틀로 끼워 맞출 프레임, 2가지를 많이 알고 있는 것에 달린 것이다. 이제부터 위와 같은 분류에 기반을 두어, 상대를 곤경에 모는 몰아가기의 실례들을 하나씩 살펴보기로 하겠다.

아는 것이 힘이라는 문구는 너무나 상투적이지만, 불변의 진리이기도 하다. 직장 상사가 20분 뒤에 갑자기 VIP바이어가 온다고 멋진 식당 알아보라고 할 때, 이 급박한 상황에서 만족스러운 답을 도출하기 위해선 일단 식당을 평소에 많이 알고 있는 게 유리하다. 상대방과의 급박한 말싸움이 전개될 때 최선의 공격카드를 꺼내 드는 것 역시 마찬가지다. 미리 카드를 많이 알고 있어야 한다.

언쟁에서 가장 힘이 되는 건 역시 사례를 많이 알고 있는 것이다. 대부분의 경우 직접 부딪히고 깨지고 패배해 가면서 이 사례를 습득하지만, 그건 상처도 많이 남고 효율적이지도 못하다. 그냥 책 한 권 쭉 읽어보면서 미리 예습하는 게 패배하면서 배우는 것보다 당연히 더 효율적이지 않겠는가?

이 네거티브 프레임을 잘 알아두는 것은 꼭 상대방을 쓰러뜨리는 데에만 필요한 건 아니다. 지금 내가 하는 주장이, 혹은 내가 처한 상황상 어떤 네거티브 프레임으로 몰림을 당할 수 있을지 미리 파악하고 그에 대한 언어적 대처법을 정하는 방어에도 이 지식은 유용하게 활용될 수 있다. 한 가지 첨언하면 당연히 공격보다는 방어가 더 어렵다. 그럼 우수한 공격과 적절한 방어를 위하여, 상대를 몰아넣을 공격의 최종 목적지, 네거티브 프레임들의 예시를 하나하나 알아 나가보도록 하자. 상술했듯 우리는 언쟁이 붙는 순간 상대방의 언행을 못된 짓거리로 매도하거나(Bad) 허술하고 멍청한 것으로 매도하거나(Wrong), 이 2가지의 방향성으로 확실하게 머릿속 사고활동의 목적지를 정하고 싸움에 임해야 한다. 목적지가 없으면 하릴없이 여기저기 방황하게 되는 건 여행이나 인생살이나 논쟁이나 다 똑같다.

plus tip

싸움이 붙으면 무조건 Bad(나쁜 놈) 와 Wrong(틀림)

두 가지 단어를 먼저 떠올려라!!

상대방을 나쁜 놈으로 모느냐, 멍청한 놈으로 모느냐, 이 2가지는 각각의 특징이 있다. 우선 보다 쉽고 편하게 이기는 것은 나쁜 놈, 즉 Bad로 모는 것이다. Bad형 공격은 상대적으로 논리적 증명의 부담에서 비교적 자유롭다. 반면에 Wrong 공격은 다소 머리가 아픈 방법이긴 하지만 일단 상대에게 적중시키면 확실하게 승리를 앞당겨 준다.

이 각각의 방법을 상황에 따라 최적으로 잘 써먹기 위해서는 세부적인 패턴 사례들을 잘 익혀두어야 한다. 이제부터 유용한 패턴들을 소개할 테니 잘 기억해두고 상대방에게 최적의 카운터 펀치를 날려 더 이상 후회로 끙끙대는 일이 없도록 해보자.

대부분의 사람들은 당신이 반격을 날리지 않는다고 해서 그걸 착한 심성, 혹은 인내심으로 봐주지 않을 것이다. 당신을 공격했던 상대방도 마찬가지다. 공격하지 않는다고 해서 그게 타인에 대한 친절로 꼭 귀결되지는 않는다는 것이다.

summary noet

악의 역할, 그 2가지 종류

1. 상대를 나쁜 사람으로 몰아간다.
2. 상대를 어리석은 사람으로 몰아간다.

가장 기본적인 공격술 ⇨ 몰아가기 전법

이게 편한 공격법인 이유는 상대방이 제기하는 논리나 근거 따위에 구애받음 없이 다이렉트로 상대방을 곤경에 몰아넣는 게 가능하기 때문이다. 굳이 머리 아프게 이론적으로 싸울 필요가 없다.

몰아가는 목적지를 정해놓고 언쟁을 시작해라

우리는 언쟁이 붙는 순간 상대방의 언행을 못된 짓거리로 매도하거나 허술하고 멍청한 것으로 매도하거나, 이 2가지의 방향성으로 확실하게 머릿속 사고 활동의 목적지를 정하고 싸움에 임해야 한다. 목적지가 없으면 하릴없이 여기저기 방황하게 되는 건 여행이나 인생살이나 논쟁이나 다 똑같다.

도의 공격 및 전가 화법

이번 챕터에서 알아볼 먼저 상대방을 나쁜 놈으로 몰아가는 프레임의 사례는 주로 Bad에 해당하는 내용으로, 바로 내가 <도의 공격>이라고 부르는 것이다.

이건 구체적으로는 "네가 지금 내뱉은 언행은 도덕적으로 매우 나쁜 짓이다."라는 식으로 몰아붙이는 패턴이 된다. 즉 나는 도의의 편에 서 있는데 너는 그렇지 못하다는 식으로 몰아가는 공격화법인데 그 가장 흔한 패턴은 상대방이 내뱉은 말을 활용하여 예의 상실이라는 프레임으로 끼워 맞추는 것이다.

예의 상실 단정 화법

이 방법은 말 그대로 상대에게 "너의 지금 말은 ○○○에 대한 예의가 아니다."라고 쏘아붙이는 것이다. 너무나도 흔하게 볼 수 있고, 쉽게 써먹을 수 있는 무기가 된다. 예시 논쟁을 한 번 보자.

<기초의원 무공천 관련 정치 토론 중>

A : 시의원, 군의원 등 기초 의원들이 사실상 해당 지역 국회의원의 영향력 아래에서 공천을 받아내야 하다 보니, 지나치게 종속이 되는 것이 문제입니다. 심지어 기초의원들이 지역 국회의원 상갓집에서 신발 정리하고 있는 모습도 연출이 되고 있지 않습니까? 이게 뭡니까?

B : 지방 기초 의원이 국회의원 상갓집 신발 정리나 하다니 그런 말을 하지 마십시오. 열심히 지역을 위해 일하고 있는 기초의원들도 많은데 그렇게 그분들을 폄하하는 무례한 이야기를 함부로 해서는 안 됩니다.

어떠한 논쟁이라도 그 안에는 예외 없이 <비판을 하는 사람>과 <그 비판을 방어하는 사람>이 두 역할 간의 대결구도가 꼭 펼쳐진다. 이 구도는 똑같은 논쟁 속에서라도 서로 역할이 고정되는 게 아니라 계속 입장이 바뀌어 가게 되는데, 비판을 하다가 또 비판을 당했다가 상대의 비판을 역으로 또 비판했다가 하면서 구성되는 게 한 판의 논쟁이다.

위에서 보면 A는 기초 의원 공천 제도를 유지함으로써 발생하는 문제점에 대해 비판을 가했다. 여기까지만 놓고 보면 A가 공격자, B가 수비자이다. 그러나 우리는 얼마든지 상대의 비판에 대한 역비판을 감행할 수 있다. 다만 이 비판에 대한 비판은 미리 준비하기가 어렵다는 점이 있는데, 이는 상대가 무슨 비판을 할지 100% 정확히 예측하기가 어렵기 때문이다. 이럴 때, 상대의 비판에 효과적으로 대처하려면 상대를 공격하는 도구Tool을 미리 숙지하고 있어야 하는데, 특히 상대의 비판에 대한 역비판을 감행할 때 유용한 패턴이 바로 예(禮)를 걸고넘어지는 것이다.

위의 논쟁에서 보면 A가 제기한 문제의 핵심은 공천제도가 유지되면 기초 의원들이 지역 국회의원 등에게 지나치게 종속되어 지역을 보살피는 것보다 영전에 더 정신 팔리게 된다는 점이다. 요는 구조적이고 시스템적인 부분을 지적한 것인데 이에 대해 B는 그런 시스템 문제를 거론하는 게 아니라 사안에 대한 포커스를 "그런 말씀은 하시면 안 되죠."라는 말과 함께 갑자기 기초의원에 대한 무례로 초점 이동을 하고 있다.

초점 이동 : 사안의 시비에서 → 상대방의 예의로

이것이 상대의 비판을 받아칠 때 매우 유용한 이유는, 모든 비판은 그 자체적으로 결례적인 성격을 조금은 가지고 있을 수밖에 없기 때문이다. 왜 직장이나 공직 조직에서 윗사람이 오판을 내려도 거기에 대해 이야기를 못하는가? 비판하는 것 자체가 윗사람에 대한 예가 아니라는 인식을 한국 사람이면 누구나 하고 있기 때문이다. 그래서 회사 사업을 통째로 말아먹을 의사 결정을 내려도 거기에 대해 누구도 쉽게 반대 의견을 말하지 못한다. 이 사회는 특히 전 세계 어디보다도 예의가 중시되는 곳이기 때문에 상대방의 의견을 '결례'로 몰아가는 공격법은 아주 손쉬우면서도 효과 높은 방법이 된다.

이 공격을 상대의 의견에 대한 카운터 어택으로 얼마나 손쉽게 써먹을 수 있을지 아래의 사례들을 한 번 보자.

A : 정치인들과 공직자들의 개혁 성과에 문제가 많다.

B : 나름 열심히 오늘도 밤늦게까지 일하며 공무 수행 중인 사람들도 많다. 그런 분들도 계신 데, 그저 무조건 비판만 하는 것은 옳지 않다

A : 이번 월드컵 경기에서 선수들 플레이가 많이 부족했다. 형편없는 경기력이었다.

B : 열심히 뛰어준 선수들에 대한 예의가 아니다. 과도한 성적 지상주의는 벗어나야 한다.

봐서 알겠지만, 세상에 존재하는 거의 모든 비판들에 대해 본 주제와는 상관없이, 본 주제를 적절히 호도시키면서 자신에게 유리하게 판을 짜낼 수 있는 도구가 된다. 처음 예를 들었던 정치 토론에서 기초의원공천제도의 폐해사례를 드니, 그건 기초의원에 대한 예의가 아니라라는 식으로 비

틀어 버리는 것이 그 전형적인 패턴의 예가 된다.

존중 부족(예의 공격의 변형)

1번과 비슷한 패턴의 공격법으로 상대방이 하는 말이 그 사람이 주장하는 쪽의 반대되는 편에 대한 존중이 부족하다고 몰아가는 것이다. "너는 ○○○에 대한 존중이 부족해서 그런 이야기를 하는 거야"라는 식이다. 예를 보자

A : 한국 의사들의 과도한 영리 추구 및 무책임 의식은 정말 문제다. 꼭 수술이 필요치 않은 수술을 수입을 위해 강요하는가 하면, 치명적 의료사고가 나도 솜방망이 처벌이나 싸구려 배상을 하는 등 이기적 행태가 극에 달해 있다.

B : 지금까지 한국의사들이 국민 건강에 이바지한 게 많은데 일부 나쁜 사례만 들고 나와서 한국 의사 전체가 도둑놈처럼 몰아가는 건 곤란하다. 당장 의사들이 다 없어진다면 이 나라는 어떻게 될 것 같은가? 국민 건강을 위해 잠도 못 자고 피땀 흘린 의사에 대한 최소한의 존중은 해야 할 것이다.

위에서 B는 상대방이 제기한 팩트 논거에 대해 정면으로 논하는 게 아

니라, '그것은 미존중'이라고 돌려서 방어하고 있다. 사실 B의 말대로 과잉 진료와 무책임 의료사고가 일부의 사례에 불과한 것이라고 하면, 정직하고 성실하게 진료를 하는 의사의 사례 역시 따지고 보면 똑같이 '일부'인 것이다. 따라서, 과잉진료, 사고 책임 회피가 일부의 문제라면 정직 진료를 하는 것 역시 일부의 좋은 모습에 불과한 것이다. 흔히 사람들이 자주 쓰는 '그건 일부의 문제야'라는 화법이 가지고 있는 논리적 허구가 바로 여기에 있다. 결국 중요한 건 그게 일부의 문제인지, 전체의 문제인지가 아니라 그 사안 자체인 것이다. 위에서 B가 제대로 된 토론 패널이라면 "그건 일부의 문제이니 의사들은 잘못 없다."라는 논조를 필 게 아니라, 정직하게 발생한 현실을 인정하고 그 문제를 개선할 방법을 논했어야 맞는 것이다.

그러나 그런 논리적 문제점과는 다르게, 위에서 B의 반론은 제법 효과적인데, 이게 바로 미존중 공격화법의 유용함이다. 모든 주장, 모든 이야기에는 그에 상치되는 반(反)이 존재하기 마련인데, 이 방법은 상대방의 이야기를 부숴버리기 위해서는 상대가 그 반(反)에 대한 존중적 고찰이 부족하다고 비판하는 것이다. 주제를 불문하고 널리 쓰이는 방법으로, 상대의 의견이 비판이든, 옹호든 언제라도 적용 가능하다. 실례로 먼저 예를 들었던 기초 공천 문제 정치 토론을 할 때 상대의 공격을 그대로 되돌려주며 한 방 먹여줄 수가 있다.

<기초의원 무공천 관련 정치 토론 가상 예시 II>

B : 지방 기초 의원이 국회의원 상갓집 신발 정리나 하다니 그런 말을 하지 마십시오. 열심히 지역을 위해 일하고 있는 기초의원들도 많

은데 그렇게 그분들을 폄하하는 무례한 이야기를 함부로 해서는 안 됩니다.

A : B씨 당신이야말로 정치인이면서 시민들의 평가를 함부로라는 단어를 쓰시면서 평가절하하지 마십시오. 정치하는 사람으로 비판적인 평가를 받을 때마다 그게 심한 말이라고 투정을 부릴 것이라면 국민들의 평가를 바라는 정치를 하질 말아야죠. 이런 얘기가 심하다고 하실 수도 있지만 실제로 국민들이 이런 말까지 하시며 지적한다는 것에 대해 왜 자성을 하지는 않는 건가요? 말 함부로 한다는 말만 하실 게 아니라 자성을 하셔야죠.

구도를 보면,

A : 기초의원들이 지역 국회의원의 잡일이나 하고 있다

⇩

B : 그런 말을 하는 건 기초의원들에 대한 실례다

⇩

A : 그걸 실례라고 하는 거야말로 국민들의 의견에 대한 존중 부족, 결례다

서로 상대방에 대해 "너는 너의 반대쪽에 대해 존중과 예의가 부족하다."라고 공격하고 있는 것이다. 특히 여기서 B의 예의 공격에 대해 A가 <존중 부족>으로 재반격하는 것은 상당히 괜찮은 방법이다. 그 이유는, 이

세상에 있는 말로 하는 공격법 중 가장 상대에게 큰 타격을 줄 수 있는 것은 상대가 내뱉은 말, 상대가 사용한 공격법을 그대로 돌려주는 것이기 때문이다.

"아까 당신은 ○○○이라고 말했는데, 지금 이런 입장을 취하는 건 직접 얘기한 ○○○에 위배되는 것이 아닌가?"

→ ex) 국민에 대한 존중이 가장 중요하다고 하셨는데, 지금 그 말은 국민에 대한 존중을 전혀 못 지키시는 것 같군요

이런 패턴으로 상대를 몰아가면 상대는 복싱에서 원투 펀치를 연속으로 맞은 것처럼, 자신이 틀렸다는 것과 아울러 스스로의 말조차 지키지 못하는 모순덩어리로 평가 절하되는 이중의 타격을 입게 된다.

지금까지 살펴본 존중 부족, 예의 부족 공격 화법은 특히 비판을 싫어하는 한국 문화에서 잘 들어먹히는 방법이다. 실제로 논리적으로 충분히 이길 수 있는 판을 이 <미존중 꼬투리>를 잡혀 그르치는 경우는 아주 많다. 앞서 살펴본 의학계 비판 사례만 봐도 과잉진료로 수익을 올리거나 의료사고에 책임을 회피하는 행위는 명백한 그릇된 행위임에도 B의 화술에 막혀 그 공격의 날카로움이 반감되고 있다. 하물며 간교하고 집요한 상대방에게 단 1개의 미존중 사례만 꼬투리 잡혀도 다 잡은 판을 놓치는 경우가 생긴다. 승부가 유리하다 보일 때 제일 조심해야 할 것이 바로 존중에 어긋나는 단어를 발설하지 않는 것이 된다.

그러나 말을 많이 나누다 보면 실수하는 경우도 생기고, 예상치 못한 부분에서 꼬투리를 잡혀 예의에 어긋났다고 지적질을 당할 수 있다. 이럴 때

유연하게 벗어나는 가장 좋은 패턴은 무엇일까? 가장 좋은 것은 떠넘기기, 즉 전가화법이다.

예의/미존중 공격을 당했을 때의 대처로 가장 좋은 <전가 화법>

이 떠넘기기, 즉 전가 화법은 상대의 공격을 격퇴하는데에도 좋고, 먼저 선공하는데에도 아주 좋다. 이는 앞서 살펴본 예의/미존중 공격처럼, 논쟁보다는 오히려 언쟁 쪽에 더 써먹을 일이 많은, 그래서 우리네 현실에서 더 유용한 공격 화법이다.

겪어 본 사람은 알겠지만, 조직생활, 사내 정치에서 제일 요체가 되는 것 중의 하나는 잘 된 일은 내 탓으로 만들고 못한 것은 남 탓으로 떠넘기는 것이다. 이걸 태연자약하게 잘하는 소시오패스들이 곧잘 출세하는 경우를 볼 수 있는데, 말싸움에서도 이걸 잘하는 사람들이 좋은 결과를 가져가는 경우가 많다.

이 떠넘기기 화법은 그 적용 형태도 여러 가지가 있는데, 우선 전 챕터에서 살펴본 예의, 미존중 공격을 당했을 때 빠져나가기 위해 특히 좋은 방법부터 살펴보자.

① 말의 발원을 떠넘기기 - 내 말이 아니라 모두가 하는 말이다

예로든 예를 중시하는 우리 문화상 빠져나가기가 쉽지 않은데 일단 첫 번째 방법은 문제가 된 해당 발언이 내가 아니라 다른 곳에 그 근원이 있다고 말하는 것이다. 떠넘기기 화법 중 가장 쉽게 써먹을 수 있다.

B : 열심히 지역을 위해 일하고 있는 기초의원들도 많은데 그렇게 그 분들을 폄하하는 무례한 이야기를 함부로 해서는 안 됩니다.

A : 어허, 나는 내 말을 하는 것이 아니라 국민들의 이야기를 한 것입니다. 제 개인적인 이야기가 아니라는 말입니다. 국민들의 지적에 대해선 일단 자성부터 하는 게 정치의 도리 아니겠습니까?

원래 내 입으로 이야기하는 것보다 다른 사람, 특히 여러 사람들의 여론을 옮기는 것뿐이라고 말하는 것은 내 말의 권위를 높이는 데 좋은 방법이고, 사내 정치에서건 국가 정치에서건 말로 국면을 풀어내는 기술이 높은 사람들이 자주 쓰는 방법이다.

김대리 : 이번 새로운 인사 평가 안은 정성 평가의 비중이 너무 결정적이라서 정교한 평가 시스템이라고 보긴 어렵습니다. 다시 숙고해주십시오.

박부장 : 자네는 정성평가를 하는 상위 직급자를 못 믿겠다는 거구만? 나나 이사님, 상무님의 정성 평가를 지금 신뢰할 수 없다는 거지?

김대리 : 제 개인의 이야기를 하는 게 아닙니다. 직원들이 눈치 보느라고 얘기를 안 해서 그렇지, 다들 뒤에서 그렇게 수군대고 있습니다.

열심히 일해봐야 평가에 반영되지도 않을 것, 뭐하러 애쓰느냐고 다들 떠들고 있는데 부장님만 그걸 모르시는 겁니다. 저 하나만 입 막는다고 해결될 문제는 아닙니다.

자신의 말에 무게감을 싣는 것은 비단 작가나 정치인뿐만 아니라 사람이 하는 모든 사회생활의 중요한 화두이다. 보통 공격을 당하는 것은 무게감이 떨어지는 가벼운 말이다. 말이 가벼우면 공격을 당하고 무게감이 실리면 그 내용이 부실해도 사람들도 함부로 치고 들어오지 못한다. 비록 처음에는 깊이 생각하질 않아서 말에 무게를 충분히 싣지 못해 공격을 당했다고 하더라도 그에 대해 대처를 할 때 기존에 뱉은 말에 대해 무게를 추가적으로 부여하는 일을 해야 하는데, 이때 써먹을 여러 방법 중에 하나가 바로 토해낸 발언의 근원이 나의 개인에게만 있는 것이 아니라는 것을 덧붙이는 것이다.

물론 이건 상대의 공격이 들어오기 전에, 미리 밑밥을 깔아두어서 공격을 원천 봉쇄하는 데에 쓰는 것도 아주 좋은 전술이 된다.

② 책임을 떠넘기기

말의 발원을 떠넘기는 방법이 가장 기초적인 떠넘기기라면 그것보다 한 단계 높은 것은 쟁점이 되는 사안의 부정적인 면의 책임을 상대방이나 다른 쪽에 떠넘기는 것이다. 아래 사례들을 살펴보면 느끼겠지만 참으로 유용한 화법이다. 전 챕터에서 살펴본 무례, 미존중 공격을 받는다고 해도,

그 무례할 수도 있는 말이 나오게 된 근원적 책임을 상대방이나 다른 쪽에 떠넘기는 것이다.

이를 위한 흔한 대표격 코멘트는 "오죽하면 그러겠는가?"라는 것이다.

B : A 대리는 대체 학교는 제대로 나온 거야? 어찌 이런 기본적인 것도 모르냐?

A : 학교는 제대로 나왔느냐니요. 말씀이 너무 심하신 것 같습니다. 선배님.

C : 이봐 A 대리, 오죽하면 B 선배가 그런 얘기를 하겠냐? 이 얘기가 심하다 하는데, 그럼 애초에 이런 심한 이야기 나오지 않게 만들었어야지?

B : A 의원님은 대체 어디 다른 나라 살다 오셨습니까? 어찌 이 나라의 복지 실정을 그렇게 모르십니까?

A : 어디 다른 나라 살다 오다니요? 그런 무례한 발언이 어디 있습니까?

B : 제가 오죽하면 이런 이야기를 하겠습니까? 이런 얘기가 심하다 하시는데, 그런 심한 말이 나오게 왜 만드십니까?

뭐든지 오버(Over)를 하면 꼬투리 잡힐 거리가 생기고, 반격을 당하기 마련이다. 공격할 때 제일 조심해야 할 건 오버하지 않는 것이다. 그러나 언쟁을 격하게 하다 보면 오버 언행이 본능적으로 터져 나올 때가 있는 법, 이때 보통 스스로 실수했다는 의식에 빠져 변명을 하려 하거나 사과를 하는 등의 후퇴를 하게 되는데, 노련한 사람들은 그러지 않고 역으로 치고 나갈 방법을 모색한다. 그 치고 나가는 방법이 바로 어떻게든 부정적 표현에 대해 그 발원의 책임을 상대에게 떠넘기는 것이다. 실제로 우리는 자기가 잘못 해놓고서 오히려 상대방에게 문제의 책임을 떠넘겨 자신의 잘못을 상대의 잘못으로 만들어내는 교활한 사람들의 모습을 종종 보게 된다. 아주 간단한 예를 들자.

A : 저 수학 선생님 너무 못 가르치는 것 같아. 이해가 하나도 안돼.
B : 넌 왜 그렇게 선생님들을 부정적으로만 보니?

몹시 간단한 대화이지만, 책임 넘기기 화법의 전형적인 예이다. 위에서 A의 목적은 부족한 선생님의 강의 실력을 비판하는 것이고 B는 옹호를 하려고 한다. 일반적으로 우리는 옹호를 할 때 상대의 비판이 틀렸다거나 옹호하는 대상의 좋은 점을 드러내려고 하는데, 여기서 B는 그런 골치 아픈 생각을 할 것 없이 "선생님의 강의가 나쁜 것에 대한 책임이 너에게 있다."라고 상대에게 책임의 근원을 떠넘기고 있다.

이렇게 책임을 떠넘길 때에 그 떠넘기는 대상은 위의 학생들 대화처럼 '상대방의 관점'을 문제시 삼는 것이 가장 대표적이며, (너는 왜 그리 보는 게 부정적인가라는 것 역시 대표적인 코멘트 모델이다) 이와 함께 또 유용하게 활용할 수 있는 건 상대방의 이익이다.

A : 이번 장관 후보자에 대해 철저히 검증해야 합니다. 벌써 제기되고 있는 의혹만 십여 가지가 넘습니다.

B : 야당은 이번 선거를 위해 당리당략 차원에서 후보자를 필요 이상으로 공격하고 있습니다. 전형적인 정치 공세입니다.

한국 정치에서 수도 없이 볼 수 있는 언쟁의 패턴이다. 여당과 야당이 서로 자리를 맞바꾼 적은 있지만 서로 여야가 바뀔 때마다 상대가 했던 말을 위와 같이 서로 바꿔가며 무한 반복하는 것이 한국 정치에서 보이는 모습이다. 내가 야당일 때는 A의 발언을 마구 내뱉다가, 여당이 되면 또 B와 같은 이야기로 쉴드를 친다. 꼭 결국 인간 사회에서 중요한 건 실체적 진실이 아니라 <내 입장에서의 진실>이라는 걸 잘 보여주는 사례다. 물론 이런 일은 비단 정치판에서만 일어나지는 않는다.

plus tip 떠넘기기 - 책임 전가 화법의 대상

1. 상대의 관점

2. 상대의 이익

그게 어디 ○○만의 잘못입니까? 책임 소재 분산시키기

책임소재와 관련된 화법으로는 이렇게 떠넘기는 방법도 있지만, 그와 함께 알아두면 좋은 것은 책임 소재를 여기저기 분산시켜서 논점을 흐리는 화법이다. 특히 이건 비판 공격을 받을 때 유용하다. 예시를 보자.

A : 현재 우리나라의 출산율은 OECD 국가 중 가장 낮은 수준에 머물러 있습니다. 정부의 출산 및 보육 복지 지원 대책이 절실합니다.

B : 현재의 낮은 출산율이 오로지 무조건 정부의 잘못인 것 마냥 이야기하시는데요. 복지 지원만 있으면 다 해결될 것이라는 일방적인 혹세무민하는 주장을 하지 마십시오. 사람들이 애 안 낳는 것이 어디 오로지 정부 정책만의 책임입니까?

이 예시에서 B는 본격적인 출산 보육 지원 정책을 논하기 이전에 일단 상대방의 입장과 관점 전체를 편협한 것으로 몰아놓고 시작하고 있다. 이때 B가 사용한 프레임은 우리가 직장 등 일상생활에서도 쉽게 써먹을 수 있는 <불평불만자, 남 탓하기> 프레임이다. 어떠한 비판이 나올 때, 저 녀석은 무조건 비판만 하고 남 탓만 하는 놈이라는 프레임으로 상대를 몰고 가 놓으면 유리한 위치를 차지할 수 있다. 특히나, 충분한 발언 기회를 주는 TV 토론과 달리 한두 마디 안에 확실히 어필하지 않으면 기회 자체가 쉽게 없어져 버리는 일상생활에서라면 그 효과가 더욱 커진다.

이와 같이 토론 논쟁에서 유용하게 써먹을 수 있는 책임 소재 흐리기 화법의 사용 패턴은 아래와 같이 정리해 볼 수 있다.

<책임 소재 분산 - 흐리기 화법>

1. 상대의 관점이 편협하다고 지적한다

⇩

2. 잘못된 것에 대한 비단 상대가 지적하는 부분에만 있는 게 아니라 여러 군데에 산재해 있다고 말한다.

⇩

3. 그러면서 상대방이 이기적 목적으로 일방적 발언을 하고 있다고 몰아간다.

당연한 얘기지만 사실 이런 떠넘기기/흐리기 화법은 대부분의 경우 논리적으로는 성립하는 얘기가 아니다. 이런 식으로 할 거면 우리는 아무도, 아무것도 비판해서는 안 된다. 그러나 비판이 없으면 그 어떤 발전도 없다. 이 방법을 절대 자신의 이기적 목적을 위해 남용해서는 안 될 것이다. 또, 더 나아가 상대의 비판을 짓뭉개는 것보다 그것을 포용하여 받아들이는 진정한 리더십을 배울 필요도 있다. 이를 위해선 상대가 나를 비판하는 목적이, 그냥 나를 깎아내리기 위함인지, 진정 나를 위해 해주는 충언인지를 명확히 구분해낼 수 있어야 한다. 사회생활에선 많은 사람들이 단지 깎아내리기 위함인데, 마치 상대를 위해서 하는 얘기처럼 코스프레를 하는 경우도 있다. 또 반대로 진짜 나를 위해서 해준 이야기인데, 그게 깎아내리려 하는 것처럼 보일 때도 있다. 우리는 나를 깎아내리려는 공격에 대해서는 단호히 격퇴하고, 나를 위해 해주는 충언에는 겸손하게 고개를 숙일 줄 아는 사람이 되어야 할 터이다. 그러나 이 2가지를 모두 해내는 사람은 그리 많지가 않다.

summary noet

상대방을 나쁜 놈으로 몰아가는 프레임 <도의 공격>

1. 예의 상실 단정 화법

   이 방법은 말 그대로 상대에게 "너의 지금 말은 ○○○에 대한 예의가 아니다."라고 쏘아붙이는 것이다.

2. 존중 부족(예의 공격의 변형)

   상대방이 하는 말이 그 사람이 주장하는 쪽의 반대되는 편에 대한 존중이 부족하다고 몰아가는 것이다. "너는 ○○○에 대한 존중이 부족해서 그런 이야기를 하는 거야."라는 식이다.

예의/미존중 공격을 당했을 때의 대처로 가장 좋은 <전가 화법>

1. 말의 발원을 떠넘기기 - 내 말이 아니라 모두가 하는 말이다

   일단 첫 번째 방법은 문제가 된 해당 발언이 내가 아니라 다른 곳에 그 근원이 있다고 말하는 것이다. 떠넘기기 화법 중 가장 쉽게 써먹을 수 있다.

2. 책임을 떠넘기기

   말의 발원을 떠넘기는 방법이 가장 기초적인 떠넘기기라면 그것보다 한 단계 높은 것은 쟁점이 되는 사안의 부정적인 면의 책임을 상대방이나 다른 쪽에 떠넘기는 것이다. 무례, 미존중 공격을 받는다고 해도, 그 무례할 수도 있는 말이 나오게 된 근원적 책임을 상대방이나 다른 쪽에 떠넘기는 것이다.

상대의 말을 내가 원하는 방향으로 가공하는 방법

지금까지 살펴본 토론 승리의 기술을 제대로 구현하기 위해선, 절대 상대방의 말을 곧이곧대로 들어서는 곤란하다. 상대방의 말, 그 진의나 형태를 적절히 가공해야 공격이 용이해지는데, 이번 챕터에서는 그 기술을 집중적으로 얘기해 볼까 한다.

흔히 답답한 상대랑 토론할 때 "손은 달을 가리키는데 왜 손가락만 쳐다보고 뭐라 하냐?"라는 말을 흔히 한다. 내가 실제로 지적하고자 하는 바를 상대방이 있는 그대로 받아들여 주지 않고, 생각지도 못했던 엉뚱한 포인트를 문제 삼아 물고 늘어질 때 나오는 이야기다. 나는 달을 이야기하고 싶은데 손가락이나 손톱, 삿대질만 가지고 얘기가 계속 진행되면 얼마나 답답할까? 그러나 실제로 언쟁을 하다 보면 이런 일은 거의 반드시라고 할 정도로 자주 벌어진다. 오히려 이런 일이 발생하지 않으면 그게 이상하다고까지 할 정도다.

언쟁 속에서 상대의 말, 상대의 진의를 있는 그대로 받아들여 주는 상대를 만나는 기적은 거의 일어나질 않으며, 대부분은 당신의 말을 최대한 이상한 방향으로 가공하여 왜곡을 시키게 된다. 이번 챕터에서 상대의 말을 안 좋은 방향으로 가공하는 패턴을 정리 학습하여 질 나쁜 언쟁으로부터 적절히 대비할 수 있도록 하자.

계속적으로 좋지 않은 간교한 화법들을 소개하고 있지만 절대 나는 이것들을 선량한 사람에게 쓰라고 말해주는 게 아니다. 많은 사람들이 무술을 배우는 이유는 꼭 상대를 때려눕혀 강도질하기 위함이 아니다. 오히려 악한으로부터 자신을 지키기 위함이다. 강도를 만났을 때 그를 때려눕혀 제압하는 게 나쁜 일은 아니지 않은가? 이는 정신의 싸움에서도 똑같이 적용되는 원리다.

상대방을 극단화시키면 이긴다 <극단화 화법>

상대방의 말을 가공하여 공격하는 방법, 그 첫 번째는 바로 극단화 화법이다. 이 역시 실생활에서 능숙한 말싸움쟁이들이 너무도 잘 쓰는 방법이다. 특히 상대방의 공격을 격퇴하는데 아주 유용한 방법인데, 특히 한국 사람들은 극단을 싫어하는 경향이 강하므로, 사회, 직장 생활 속에서 써먹기 유용한 화법이 되겠다.

기본적으로 이 화법 역시 상대의 발언을 변형시켜 부정의 프레임에 끼워 맞춘다는 공격의 대원리에 기반을 두고 있다.

어머니 : 너는 어떻게 그렇게 사사건건 말대꾸를 하니?
딸 : 아니 그럼, 나는 내 의견도 말하면 안 돼요? 꿀 먹은 벙어리로만 살
라는 말이에요? 그럼?

이런 류의 대화는 정말 흔하게 볼 수가 있는 형태인데, 여기서 어머니나 딸이나 모두 쓰고 있는 화법이 바로 <극단화시키기>이다. 서로가 정도가 아닌 나쁜 공격화법을 써대니 커뮤니케이션이 제대로 될 리가 없다.

우리가 사회생활을 하면서 커뮤니케이션이 제대로 안 되는 이유는 이처럼, 사안 자체의 시시비비 및 실체적 진실을 순수하게 다루는 게 아니라 자꾸 본질을 흐리며 상대를 눌러 꺾으려고만 하기 때문이다. 정확히 잘못한 것이 무엇이며, 그 잘못한 것에 대한 조치는 어느 정도가 적당하며, 잘못의 재발을 막는 데 필요한 대책이 무엇인지 냉정하고 객관적으로 따져보면 언쟁을 할 필요가 적어질 터이지만, 대부분은 그렇게 하질 못한다.

보통 이 극단화 방법은 주로 아래와 같은 사용패턴으로 여러 형태로 사용되어 진다. 살펴보면 도움이 될 테니 예시를 하나씩 봐두도록 하자.

상대방의 말을 극단적으로 증폭시켜서 공격한다 - 말싸움쟁이들이 잘 쓰는 All or Nothing 패턴

A 대리 : 이렇게 큰 비용을 홍보에 쓰게 되면 다른 데에 쓸 비용은 어떻게 합니까? 홍보 효과가 입증되기도 전에 매번 이렇게 써대면 어떻게 합니까?

B 팀장 : 이런 식으로 잘해보려고 하는 마케팅에 일일이 시비만 걸고 그럼 A 대리는 뭐를 하라는 겁니까? 우리 홍보팀은 그럼 아무것도 하지 말란 말입니까

여기서 A 대리가 비판을 한 포인트는, 이번 홍보 이벤트의 비용이 많다는 것이다. 정상적이라면 토론의 메인 테마는 홍보 비용 지출의 합리성을 따져보는 것이 되어야 할 터이나, 여기서 논쟁보단 언쟁에 자신 있는 B 팀장은 A 대리가 제기한 테마를 다른 곳으로 옮겼다. 우리는 언쟁을 할 때 절대로 상대방이 제기한 문제의 테두리 안에서 놀려는 생각을 하지 말아야 한다. 상대의 주제를 덥썩 받아 거기서만 노는 것은 패배의 지름길이다. 언제든 상대가 제시한 주제에서 다른 곳으로 옮겨갈 궁리를 해야 하며, 나에게 유리한 새로운 주제 프레임을 계속 던져대야 한다. 그 새로운 주제 프레임은 상대를 자극하고, 상대가 결코 무시할 수 없는 아픈 이야기로 꾸며져야 한다.

그러나 무턱대고 주제를 다른 것으로 옮길 수는 없다. 갤러리들이 뜬금

없다고 느끼지 않을 만한 방법이 필요한데, 여기서도 이전에 언급한,

① 상대의 발언에서 꼬투리(단초)를 잡는다

⇩

② 그 꼬투리를 활용하여 상대의 의견을 변형/가공한다

⇩

③ 악의 역할, 악의 프레임 안에 상대를 가둔다

라는 공격의 기본 3단계 원리를 그대로 적용할 수 있다. 바로 여기서 B 팀장이 상대의 말을 가공하고 그를 통해 새로운 프레임으로 옮긴 방법이 상대 의견에 대한 극단화이다.

대부분의 경우 한국 사람들은 비판이라는 것을 싫어하고 특히 조직에서는 아무런 비판을 하지 않는 사람을 1등 직원으로 꼽는 경향이 많다. 친구들끼리의 집단도 크게 다르지 않다. 한국인들의 비판을 싫어하는 성향상, 내게 가해지는 비판을 격퇴하기 위해서 상대의 비판의 강도를 더 강하게 해석하여 갤러리에게 어필하는 건 좋은 수단이 된다.

위에서 B 팀장이 상대의 말을 왜곡하는 패턴을 나는 아주 알기 쉽게 <All or Nothing 패턴>이라고 부른다. 더 알기 쉽게는 <그럼 다 때려쳐? 패턴>이라고 부르곤 한다. 위에서 보면 A 대리는 절대 홍보 업무 자체를 비판하는 게 아니다. 홍보 일을 하기 위해 편성된 예산의 비합리성을 지적하고 있다. 어떤 하나의 행위가 있으면 그 행위를 구성하는 단 1개의 요소를 지적했을 뿐인데, 그 행위 자체, 존재 자체를 비판하는 것으로 말아가는 화법이다.

김 부장 : 이봐 박 과장, 부하 직원들을 너무 심하게 욕하지 말게. 다 같이 가는 동료들인데, 너무 심하게 뭐라고 하면 좋지 않아.

박 과장 : 아니 부장님, 그럼 밑에 애들 태도가 저따위인 걸 그냥 하염없이 내버려두기만 하란 말입니까? 선배가 돼서 찍소리도 않고 입 닥치고 가만히만 있으라는 얘긴가요?

이것 역시 같은 패턴이다. 여기서 김 부장은 심한 욕을 하지 말라고 했지 훈육을 하지 말라고 한 것은 아니다. 그러나 박 과장은 상대의 말을 <그냥 내버려 두라>라는 것으로 가공하고 있다. 쭉 보아서 알겠지만, 이 패턴은 상대가 무슨 비판을 하면 그 비판을 → "그럼 다 때려 치라는 말이냐?"라고 확대 해석을 하는 것이 된다.

A 사원 : 아니 팀장님, 이렇게 가격 규정을 무시하고 친하다고 막 깎아 주시면 어떻게 합니까? 다른 고객사들이 이것 알고 자기네들도 다 깎아 달라고 하면 어떻게 하나요?

B 팀장 : 그런 식으로 빡빡하게 굴면 사업 어떻게 하느냐? 그건 영업하지 말라는 얘기지.

몹시 저차원적으로 보이지만, 시간 여유가 충분치 않은 상태에서 우발적으로 발생하는 일상의 언쟁에서는 흔하게 볼 수 있는 패턴이다. 보통 이런 식으로 상대가 나오면, "다 때려치우라는 게 아니라, 이러이러한 부분만 좀 수정을 해서 잘 해보자는 거지."라는 식으로 대꾸하는 게 일반적이다.

A 사원 : 영업을 하지 말자는 얘기가 아니라요. 지킬 건 지키면서 영업을 하자는 거지요.

B 팀장 : 내가 지금 회사를 위해서 어떻게든 건수를 만들려고 하는데, 어려운 시장 사정은 잘 알지도 못하면서 그렇게 막말하면 쓰나?

그러나 보통 위의 B 팀장처럼 상대의 말을 극단적으로 왜곡하는 화법을 즐겨 쓰는 사람들은 전투적이거나 치사한 성향이 있는 경우가 많으므로, 이렇게 부드러운 대처를 한다면 그가 사용한 터무니없는 화법이 제대로 격파되었다는 인상을 갤러리들에게 줄 수 없고, 최악에는 괜히 열심히 일하는 사람에게 딴죽을 거는듯한 인상마저 줄 수 있다. 싸움쟁이들이 노리는 게 바로 이거다. 상대의 공격에 변명이나 해명을 하는 것은 좋지 않은 경우가 많으며, 공격에는 공격으로 받아쳐야 한다. 육체적으로 하는 싸움도 마찬가지이겠지만 사람은 공격하는 입장이 될 때 심리적으로 편안해지고 여유가 생긴다. 그리고 그 여유는 더 좋은 퍼포먼스를 낼 수 있는 원동력을 만들어 준다. 상대방이 공격할 때 내가 그걸 쩔쩔매며 해명을 하고 있다면, 상대를 그런 기분 좋은 상태로 만들어 주는 것이므로, 기본적으로 언쟁에선 공격에는 역공격을 한다라는 마인드를 늘 갖는 게 필수다. 여러 가지 방법이 있겠지만, 기본적으로 상대가 터무니없는 왜곡 해석, 극단화를 시키고 있다는 것을 명확하게 즉시 지적해주는 게 필요하다.

B 팀장 : 그런 식으로 빡빡하게 굴면 사업 어떻게 하느냐? 그건 영업하지 말라는 얘기지.

(샘플1) : 제 이야기를 영업을 하지 말라는 식으로 해석하는 그 발상이 황당하군요.

(샘플2) : 제 이야기를 영업을 하지 말라는 식으로 황당한 해석이 가능하실 정도의 창의력이라면, 규정을 지키면서도 영업을 잘할 방법도 충분히 만들어 낼 수 있을 것 같습니다만……

이처럼 상대의 억지 해석에 대해서는 그 억지스러운 공격에 해명만 할 게 아니라 상대의 터무니없는 태도에 대해 역공을 해주는 코멘트가 반드시 필요하다.

상대의 의견을 증폭시켜라

상대방을 극단화시키는 <All or Nothing 다 때려쳐 패턴>의 기본 원리는 상대방 의견이 주장하는 바를 과도하게 증폭시키는 가공을 하는 것이다. 과유불급이라, 아무리 옳은 이야기도 그 정도가 강하면 좋은 게 나쁜 것으로 변모되기 마련이다. 부모가 자식을 사랑하는 건 좋은 것이지만 그게 지나치면 이기적인 과보호가 되는 것처럼 말이다.

김 의원 : 복지의 확대를 위해 여유 있는 계층 중심으로 세금을 제대로 더 걷을 필요가 있습니다.

박 의원 : 지금 국민들의 세 부담이 적지 않은데, 세금을 엄청나게 증세하자고 하면 어떻게 합니까?

위에서 김 의원은 그냥 세금을 걷자고 했지, 엄청나게 증세하자고는 하지 않았다. 세금을 걷는 것도 어떤 종류의 세금을 걷는가, 많이 올리나 조금 올리나 등 다양한 형태가 있을 있을 테지만, 반대하는 입장에서는 최대한 극단적이고 일방적인 이미지로 몰아갈 필요가 있다. 일반적으로 논쟁에서 상대방을 격퇴하는 방법은 크게 2가지다.

1. 팩트 근거를 제시해서 무너뜨리는 방법과,

2. 이미지를 덧씌워 무너뜨리는 방법

이 2가지가 있다. 여기서 박 의원의 발언은 전형적인 후자에 해당하며, 이 방법 중 가장 대표적인 것이 상대의 주장을 최대한 극단적이고 일방적인 것으로 증폭시켜 가는 것이다.

A : 세금을 올려야 한다

B : 세금을 왜 그렇게 엄청나게 왕창 올리자고 하십니까

위의 사례는 너무 드러나 보이지만, 드러나 보이지 않게 적절히 상대의 의견을 증폭시켜서 말싸움에 유리한 국면을 만들어 나가는 건 아주 흔히 볼 수 있는 말장난이다.

박 대리: 이번에 만들어진 ERP 시스템은 기존 패키지에 억지로 끼워 맞추다 보니 너무 사용하기 불편합니다.
차 대리 : 전산팀 동료들도 같은 회사 사람인데 그렇게 심하게 비판하면 되나? 적당히 해둬.

여기서 차 대리는, 일반적으로 한국의 조직 사회에 깔린 <남을 강하게 비판하는 사람 = 조직의 조화를 해치는 나쁜 짓>이라는 문화적 통념을 이용하여 상대를 몰아가는 방향을 취했다. 이때 박 대리의 비판이 강한 비판인지 약한 비판인지는 사람에 따라 다르게 느끼겠지만 여기서 차 대리는 "강한 비판을 하고 있다"고 단정을 지어줌으로써 상대를 몰아세우고 있다. 상대의 발언 중에 부정적으로 해석할만한 것은 최대한 그 부정성을 증폭시키고, 긍정성은 감퇴시켜 갤러리들에게 이미지 어필을 한다는 것이 언쟁에 있어 가장 기본이라 할 수 있는 <가공>의 기술 중에, 역시 가장 기본이 되는 것이다.

너는 너무 일방적이다, 반면 나의 의견은 매우 균형 잡힌 것이다 - 상대방을 외골수로 몰아가기

극단화시켜 공격할 대상은 상대가 하는 '말'에만 국한되지 않는다. 그것보다 더 강력한 공격은 사실 상대방의 인격, 캐릭터 자체를 극단화시키는 것이다.

A : 이번 조별 과제에선 네가 너무 맡는 분량이 적어. 공평하게 배분을 해야 하는 것 아니야? 그따위로 이기적으로 살면서 나중에 학교 졸업해서 너 같은 게 무슨 사회생활을 제대로 하겠어?
B : 무턱대고 사람 비방하지 말고, 합리적으로 따져보자고. 너는 왜 조금만 마음에 안 들면 무조건 비판부터 하고 보냐? 네 마음에만 안 들면 무조건 이기적인 거냐?

여기서 B가 쓰는 화법은 특히 비판을 받았을 때 그 비판에 대한 역공을 취할 때 써먹기 좋은 방법이다. 상대방이 내세우는 팩트가 맞느냐 아니냐를 따지는 것이 아니라, 일단 상대방의 의견은 지나치게 일방적이라는 이미지를 뒤집어씌우고 시작하면, 싸움이 한결 쉬워진다.

A : 한국의 과도한 입시 경쟁이 만들어 낸 사교육이, 학부모님들의 허

리를 휘게 하고 있습니다. 사교육 탓에 초래되는 생활고는 가뜩이나 어려운 가계 경제의 주름을 더 깊게 만들고 있습니다. 사교육에 대한 제한 정책이 반드시 필요합니다.

B : 사교육이 무조건 나쁘기만 하다는 식의 일방적인 발언은 너무 편협한 것입니다. 사교육도 찬찬히 살펴보면 긍정적인 부분이 있을 수도 있는데, 어찌 그렇게 한쪽 면만 보시고 판단하십니까? 사교육이 그렇게 나쁘기만 하다면 사람들이 대체 왜 그리 찾는 것입니까? 해서 좋은 점이 있으니까 하려고 하는 것이죠.

A : 복지 정책의 확대는 포퓰리즘입니다. 재정건전성을 악화시키고, 불필요한 의존적 심리만을 부추길 것입니다.

B : 그렇게 복지의 나쁜 면만 일방적으로 부각시키지 마십시오. 세상에는 좋은 복지와 나쁜 복지가 있는 것이고, 사안별로 균형 잡힌 시각으로 판단해야지 무조건 복지는 구걸이라는 식의 색안경만 끼고 바라보시면 안 되죠.

토론의 시작서부터 상대방의 의견을 최대한 편협한 것으로 몰아붙여 놓고 시작하는 방식이다. 사실 이런 방식은 한국 사회에선 특히 써먹기가 용이하다. 황희 정승의 고사처럼, 이쪽이 옳을 수도 있고 저쪽이 옳은 수도 있고, 좋은 면도 있고 나쁜 면도 있고, 이런 식으로 양비론을 취하는 사람이 무언가 덕이 있어 보이고, 합리적이고 경륜 있는 사람처럼 취급을 받는 풍토가 일정부분 존재하는 것이 한국 사회다.

당연한 이야기지만 세상에 100% 나쁘기만 한 것, 100% 좋기만 한 것은 존재하지 않는다. 물건이든, 제도든 다 마찬가지다. 그러나 좋은 점이 일부 있다고 하여 그걸 무조건 다 존속시켜야 할 것이라면, 세상의 발전을 이루기는 너무 어려워진다.

따지고 보면 국왕이 나라를 다스리는 왕정도 장점은 있을 수 있다. 그럼 왕정에도 장점은 있으니 왕정을 존속시켜야 하는가? 따지고 보면 마약도 좋은 점이 있을 수 있다. 스트레스를 해결하고 쾌감을 증대시킨다. 그럼 마약도 좋은 점이 일부 있으니 단속하지 말아야 하나? 좋은 점도 나쁜 점도 다 두루 보라는 식의 논리에 너무 빠져들다 보면, 정작 해야 할 일은 하지 못하는 경우가 생길 수 있다. 물론 일방적으로 한쪽 면만 보고 이야기하는 것이 많은 경우 잘못된 것이기는 하다. 그러나 잊지 말아야 할 것은 좋을 수도 있고 나쁠 수도 있다는 양비론 역시 일방적이기는 마찬가지라는 점이다.

실제로 우리 주변에 이렇게 상대방을 곧잘 일방적인 외골수로 몰아가며 싸우는 사람들은 주로 조직 내의 노회한 임원이나 공직원들이 그런 경우가 많다. 그러나 한 가지 우리네 인생에서의 진실들을 완전히 드러내기 위해 알아야 할 사실은 일방적이지 않은 의견이라고 해서 그게 꼭 진실에 가까이 근접한 의견은 아니라는 사실이다. 평소 칭찬할 것도 칭찬하지 않고 비판할 것도 비판하지 않으며 갈등이 생기면 문제의 잘잘못을 따질 생각을 하지 않고 그저 양비론으로만 덮고 넘어가려는 사람들이 있다. 적을 만들지 말아야 한다는 고정관념 때문에 그러는 것인데, 결국 그러다 모두를 적으로 만드는 경우도 생긴다.

사실 이쪽도 옳고 저쪽도 옳고, 너도 잘못한 게 있고 재도 잘못한 게 있고, 서로가 다 조금씩 양보해야 하고, 이런 식의 양비론적 멘트만 날리며 문제의 본질에 접근하는 것을 회피하는 사람들이 많고, 그런 이들이 주로 평생 조직 속에서 살아가곤 한다. 정치권에서도 그러한 정치인은 너무나 쉽게 발견할 수 있다.

우리 주변에 양비론이 난무하는 이유는 그게 편하기 때문이다. 어느 한쪽의 입장을 정한다는 건 일정한 각오가 없으면 할 수 없는 일이다. 각오의 마음을 먹는 건 불편하다. 그러나 진실이라는 녀석의 가장 큰 문제는 각오와 싸움 없이 완전히 드러내기 어려운 때가 너무 많다는 것이다. 이 세상 어느 조직, 어느 사회에서도 진실을 감춤으로써 이득을 보는 사람들이 있다는 점을 우리 잊어선 안 된다.

A : 이번 우리 시의 대규모 토목 공사는 4조 원이라는 엄청난 투입 비용에 비해 그로 인한 경제적 효과가 무엇인지 알기가 어렵습니다. 대체 이번 ○○ 대형 토목공사에서 4조 원을 들여 얻을 효과가 뭡니까?

B : 그렇게 일방적으로 한쪽 면만 보고 말씀하시지 마십시오. 비용이 많이 들어간다는 것만 보고 일방적인 주장을 하지 마시고, 직접 효과와 아울러 관광지 확보를 통한 신규 먹거리 확보 등 간접 효과들도 두루두루 살펴보시는 시야의 넓음이 필요합니다. 정부가 하는 일에 무조건 비판만 해대려고 하지 말고 균형 잡힌 시각으로도 좀 봐주십시오.

이 사례도 유사한 것으로, 여기서 B는 A가 요구한 사항에의 즉답을 피

한다. 그러면서 <두루두루, 일방적, 시야의 넓음, 무조건적> 등등 팩트를 지칭하는 고유 명사가 아니라 관념적인 단어만 줄줄 늘어놓고 있다. 이때 듣기 좋은 단어는 전부 자기 자신에게만 갖다 붙이고, 듣기 나쁜 부정적 어감을 주는 말들은 상대에게 있는 대로 갖다 붙이고 있다. 상대의 이야기에는 나쁜 단어를 붙이고, 나의 말에는 듣기 좋은 관념적 단어를 줄줄 늘어놓는 것은 특히, 팩트에 근거한 싸움이 여의치 않을 경우 이용해볼 가공의 방법으로 기억해 둘만 하다.

물론 이 방법은 약삭빠른 말쟁이들이 잘 사용하는 것이기에, 이런 류의 반격을 당할 경우, 즉 상대가 즉답을 피하면 관념적인 단어만 늘어놓으며 말을 빙빙 돌릴 경우는 절대 그 페이스에 말리지 말고, 집요하게 물고 늘어지는 태도가 필요하다. 특히 상대가 교활하게 회피하려고만 드는 사람이라면 절대 놓아주어서는 안 된다. 당신이 너그럽게 봐주었다고 해서 그걸 가지고 훌륭한 태도라고 갤러리들이 평가해주면 다행이지만 멍청하게 자극만 원하는 갤러리들이 주변을 둘러싸고 있다면 너그러운 태도는 크게 도움이 안 된다.

A : 이니 그리니까요, 이런지런 다른 얘기 하지 마시고, 대체 직접 효과를 얻을 수 있는 항목과 그 효과 측정 계수를 정확히 말씀해주십시오.

상대가 팩트를 벗어나 관념적인 말의 사용빈도가 높아지만 위와 같이 정확히 짚어줘서 논의의 방향을 다시 팩트 논쟁 쪽으로 끌어들일 필요가 있다.

진짜로 편협한 말을 제대로 짚어 주는 방법

지금까지 상대의 말을 극단적으로 증폭 가공하는 화법을 살펴보았다. 그러나 상대의 말이 극단적이라고 지적하는 모든 이야기가 다 치사한 술수는 아니다. 세상엔 진짜 터무니없이 편협하고 일방적인 의견도 많다. 예를 들면 다음과 같다.

<게임 셧다운제 찬반 토론 중>

A: 청소년들이 게임에 빠지는 것은 이 사회가 학생들에게 건전한 여가를 제공하지 못했기 때문이기에, 게임만 못하게 한다고 현재 청소년들이 직면하고 있는 중독의 문제들이 해결된다고 보기 어렵습니다.

B: 지금 생기는 여러 가지 폐해를 그럼 그냥 내버려 둘 것입니까? 게임 중독에 빠진 청소년이, 부모님을 살해한다든가, 학교 폭력이 증대되는 등 아이들의 폭력적 성향이 강화되고, 학업 부진, 자실 증가 등 여러 청소년 문제들이 생기고 있지 않습니까?

실제로 공식 토론에서 B와 같이 멍청한 이야기를 하는 패널을 본 적이 많다. 이런 말도 안 되는 이야기의 극단성을 제대로 짚어 주지 못하면 그건 오히려 잘못이라고 하겠다.

A : 지금 너무 극단적인 사례를 얘기하고 계신데요. 그게 제대로 된 논거라고 보십니까? 부모님을 살해한 그 청소년이 과연 출생부터 성장 과정 전체에 문제가 있었는지, 특별한 정신병력이 있는지, 다 제쳐놓고 그저 최근에 게임 좀 했다고 그걸 전부 게임의 탓으로만 돌릴 수 있습니까?
그리고 학교 폭력이 증대되는 건 참으로 다양한 이유가 논의되고 있는데, 대체 뭘 근거로 게임이 그 주된 원인이 되는 것처럼 이야기 하십니까?

위의 패널 B처럼 정말로 극단적이고 멍청한 이야기를 하는 사람도 많이 있는데, 그들의 터무니없는 논리를 펼치는 패턴은 주로 아래와 같은 것들이 있다. 논쟁시 놓치지 말고 짚어 주도록 하자.

1. 다른 원인이 존재할 수도 있는데 자기가 유리한 1개의 소재가 원인의 전부처럼 떠드는 경우

ex) 고기를 많이 먹으면 심장병 등 성인병 발병 확률이 높아진다.

→ 당신이 말한 것이 원인의 전부가 아닐 수 있다고 지적해 준다. "육

류를 많이 섭취하는 프랑스 인들은 심장병 발병 비율이 우리나라보다 낮습니다. 성인병의 원인을 고기에만 특정하시면 안 됩니다."

2. 상대가 장점과 단점, 어느 한 쪽 면만을 집중적으로 부각시키는 경우
ex) 공무원 관료들의 나태와 태만이 문제입니다. 관피아를 하루빨리 척결해야 합니다.
→ 모든 공무원들이 그렇게 나태하고 수동적인 것은 아닙니다. 과로 때문에 숨지는 공무원도 있다는 걸 모르십니까?

3. 지나치게 쉽게 결론을 단정하는 경우 : 섣부른 단정이라고 지적해 준다

ex) 이번 발주 업체 선정에 있어, A 업체 담당자를 만났는데 몹시 불친절하고 발주사에 대한 예의도 지키지 않더군
→ 그쪽 사람도 무슨 사정이 있어서 그랬겠지. 네가 너무 예민하게 반응하는 것 아니야?

물론 상대가 이 3가지에 해당하지 않는다고 해도 그것에 해당하는 것처럼 몰아가는 것이 토론 승리의 기술일 것이다.

지금까지 살펴본 극단화, 증폭 왜곡 공격화법은 상대가 트집을 잡아볼 만한 빌미를 어느 정도는 제공을 해줘야 공격할 수 있는데, 사려 깊은 상대는 아예 증폭을 시킬만한 빌미 자체를 말하지 않는 경우도 많다. 그

런 만만찮은 상대들을 격파하기 위해선 스스로 애초 생각지 못했던 헛다리를 스스로 짚도록 유도할 필요가 있는데, 다음 챕터에서 그 방법을 알아보도록 하자.

summary noet

상대방을 극단화시키면 이긴다 <극단화 화법>

상대방의 말을 가공하여 공격하는 방법, 그 첫 번째는 바로 극단화 화법이다. 한국 사람들은 극단을 싫어하는 경향이 강하므로, 사회, 직장 생활 속에서 써먹기 유용한 화법이 되겠다.

상대의 의견을 증폭시켜라

상대방을 극단화시키는 <All or Nothing 다 때려쳐 패턴>의 기본 원리는 상대방 의견이 주장하는 바를 과도하게 증폭시키는 가공을 하는 것이다. 아무리 옳은 이야기도 그 정도가 강하면 좋은 게 나쁜 것으로 변모되기 마련이다.

너는 너무 일방적이다, 반면 나의 의견은 매우 균형 잡힌 것이다(상대방을 외골수로 몰아가기)

극단화시켜 공격할 대상은 상대가 하는 '말'에만 국한되지 않는다. 그것보다 더 강력한 공격은 사실 상대방의 인격, 캐릭터 자체를 극단화시키는 것이다.

함정, 트랩 Trap 전략

전쟁에서도 보면 상대를 공격하는 방법은 크게 2가지로 나뉜다. 병력을 손수 몰고 상대진영으로 뛰어들어가서 치는 직접 공격방법과 상대를 유인해서 스스로 자멸하게 하는 함정 전략이 있다. 당연히 우리가 알고 있는 유명한 동서고금 전략가들은 모두 함정 전략을 잘 썼던 사람들이다. 함정 전략을 잘 쓰는 사람들이 역사에 이름을 남긴 이유는, 그게 직접 공격보다 더 효율적이기 때문이다. 효율적이라 함은 나의 수고는 적게 들이면서, 상대의 타격은 더욱 크게 만든다는 의미이다.

실제로 우리는 스포츠든, 내기든 어떠한 종류의 싸움에 있어 똑같은 패배라고 해도 그때마다 받게 되는 심리적 타격의 정도가 다르다. 지고 나서도 쉽게 툴툴 털고 일어날 때가 있는가 하면, 실리적 피해가 크지 않아도 심리적 상처가 커서 오랫동안 끙끙 앓게 되는 경우가 있다. 주로 전자 쪽의 경우는 상대가 강하거나 퍼포먼스가 워낙 뛰어나서 진 경우에 해당하는 것이고, 후자의 경우는 상대를 충분히 이길만 했는데 스스로의 실수와 오판으로 졌을 때가 해당이 된다. 상대를 함정에 끌어들여 스스로 무너지게 하는 트랩전략은 바로 이 후자와 같은 심리적 데미지를 상대방에게 주는데 초점이 맞춰져 있다.

심리적 타격이 더욱 큰 것 이외에도 상대를 끌어들여 무너뜨리는 트랩전략은 직접 공격보다 훨씬 쉽다는 장점도 있다. 실제로 정면으로 맞붙어서 상대를 쓰러뜨리려 할 때 나도 몇 대 맞을 수 있고 굉장히 힘이 들지만, 스스로 넘어지게 하거나 함정에 빠뜨리면 적은 힘으로 직접 공격을 능가하는 피해를 상대에게 줄 수가 있다. 언쟁에서도 순수하게 내 스스로 공격용 멘트를 창작해서 상대를 거꾸러뜨리는 것은 많은 수고를 필요로 하는 일이다. 반면 상대의 실수나 자충수를 유도하는 방법을 취하면 단단해 보이던 상대방을 의외로 쉽게 허물어뜨릴 수 있게 된다.

그리고 언쟁에서 특히나 이 트랩 전략이 효과적인 것은 상대에게 자승자박의 올가미를 씌울 수가 있기 때문이다. 침묵은 금이다라는 격언이 만들어진 된 이유는 자기가 스스로 내뱉은 말이야말로 최강의 족쇄가 되기 때문이다.

애초 준비되지 않았던, 급조된 멘트를 하게끔 유도하는 게 핵심

말을 많이 하면 필패라고 책 서두에서 크게 강조했었다. 이걸 뒤집어 생각하면 상대에게 말을 많이 하게 만들면 승리에 가까워지는 것이다. 상대방의 말을 유심히 듣고 있다가 빈틈에다가 단검 하나를 푹 찔러 넣고 유유히 퇴장하면 승리는 당신의 것이다. 대개의 간교한 말싸움쟁이들이 취하는 방식이 이거다.

이때 상대를 많이 말하게 해야 한다고 해서 그냥 무작정 자유롭게 말하게 내버려두는 건 공격이라고 볼 수 없다. 상대에게 말을 하게 만드는 데에도 몇 가지 조건이 있는데,

1. 당초에 계획하지 않았던 멘트를 갑작스럽게 하게 만들어야 한다. 미리 충분히 생각했을법한 이야기를 마냥 하게 만드는 건 의미가 없다.
2. 족쇄를 걸어야 한다. 자유롭게 말하도록 하는 게 아니라 특정한 제약 조건을 걸어 스스로 불리한 말을 하도록 몰아가야 한다.
3. 당황하게 한 후에 말을 시켜야 한다.

이 각각을 이루는 세부적 방법을 살펴보도록 하자.

새로운 주제를 급격하게 던진다

토론, 논쟁이 힘든 이유는 무엇인가? 여러 가지가 있겠으나 딱 한 가지를 꼽으라면 나는, "애초 예상치 못했던 새로운 주제가 터져 나오기 때문

에"라는 이유를 꼽는다. 내가 미리 준비해 간 테마들, 그리고 상대방도 내가 알고 있는 범위 내의 사안만 이야기를 해주면 무서울 이유가 없다. 그러나 학교 시험도 그렇지만 우리네 인생사가 그렇게 되어주질 않는다. 생각지도 못했던 사안이 터져 나와 순식간에 우리를 당황하게 한다. 물론 그 대부분의 것은 충분히 생각할 시간이 있다면 해법을 알 수 있는 사안들이다. 문제는 갑자기 제시된 문제는 순간적으로 답을 찾기가 어렵다는 점이다.

이렇기 때문에 새로운 테마, 새로운 관점을 먼저 던지는 쪽이 절대적으로 유리하다. 이런 사례를 예로 들어보자.

윤 대리 : 이번 z 프로젝트 웹 사이트 개발 건에 인력이 저와 홍보팀의 정 대리 한 명만 배치하는 건 너무나 적은 인력 배치입니다. 이 문서는 이번 사이트 개발에 필요한 작업 목록표입니다. 해야 할 일이 이렇게나 많은데, 이건 무리입니다.

박 과장 : 이봐 자네, 과거 5년간 우리 회사에서 웹 사이트 개발 건에 인력이 매번 얼마나 투입이 되었었는지 혹시 본적이 있나? 남들은 다 군말 없이 잘 수행해 냈는데, 왜 자네만 유독 난리인가?

여기서 박 과장은 '과거 5년간 인력 투입의 사례들'이라는 새로운 화제를 휙 던짐으로써, 윤 대리의 의견에 손쉽게 생채기를 낼 수가 있었다. 이 화제가 나오기 전까지 윤 대리의 관심은 이번 z 프로젝트 사이트 개발 건에 집중되어 있었고 그 사항은 나름 잘 준비를 해왔을 것이다. 이에 노련한 박 과장은 지금 현재의 이슈가 아니라, 테마의 시점을 과거로 돌려서 우위를 점할 수가 있게 되었다. 대부분 논의가 한 가지 주제에 매몰되다 보면 결국 그 주제를 더 깊이 파고들고 준비 많이 한 사람이 유리해지기 마련이다. 싸움이 벌어지는 와중에 싸움의 승산이 어느 쪽으로 기울고 있는가를 정확히 판단하고, 불리하면 재빨리 새로운 테마를 던져서 상대를 궁지로 몰아넣는 것이 바로 교활한 싸움쟁이들이 가장 잘 쓰는 수법 중의 하나다.

저명인사가 나오는 TV 토론에서도 일부 그런 모습이 보이지만, 우리네 일상생활에서는 더더욱 토론이나 언쟁이 애초에 빚어지게 된 그 사건 하나만 가지고 이뤄지지 않는다. 오히려 주제의 방향성을 능동적으로 미묘하게 바꿔치는 사람이 상대를 혼란스럽게 만들면서 승리를 움켜쥐게 될 가능성이 크다. 그들을 격퇴하기 위해 우리 역시 이러한 기술을 미리 습득해 놓을 필요가 있다.

상대방에게 <규명의 의무>를 최대한 뒤집어 씌워라

이럴세 상대가 국면을 진환하는 새로운 데미를 던질 경우를 대비히여 우리는 메인 테마와 연계되어서 터져 나올 수 있는 연계 주제에 대해 미리 생각을 해두어야 한다. 위의 예에서 윤 대리 같은 경우도 박 과장이 제시한 주제 정도는 나올 수 있다는 걸 미리 예상했었어야 한다. 연계주제 중에서 가장 잘 터져 나오는 것 중 하나가 바로, 과거의 사례다. 보통 토론을 나갈 때 "준비가 부족했다."라는 지적을 받게 되는 가장 대표적인 경우가 메인 테마와 관련된 과거의 다른 일들의 사례를 제대로 알아보지 못하고 나가는 경우가 있다.

A : 이번 대전시 홍보 이벤트 건에는 최소 5명의 인력은 지원되어야 합니다.

B : 과거 광주시 홍보 이벤트 때 나는 지원인력 2명만 가지고 했던 적도 있네. 괜스레 불평불만하지 말고 가서 일이나 하게나.

적어도 상대방이 자신에게 유리한 과거의 사례 중 무엇을 들고 나와 공격할 것인지 미리 고민을 해보는 것이 필요한데, 사전에 생각을 어느 정도 하지 못했다면 사실 위에서 B처럼 써먹기 좋은 카드를 들고 나왔을 때 적절히 대처하기가 쉽지 않다.

과연 내가 생판 모르는 사례를 상대가 들이대면 어떻게 하나? 이게 모든 논쟁에서 가장 난감함 상황 중의 하나다. 일단 무언가 상대가 제시한 사례에 대해 말을 하기는 해야 하는데, 아는 게 없으니 헛소리를 할 확률이 높아지고 여기에 휘말리면 바로 상대방이 쳐놓은 트랩에 제대로 걸리는 셈이 된다. 공식 토론에서의 대표적인 예를 들면, 예전 서울 시장 선거 때 오세훈 후보가 한명숙 후보에게 갑자기 "서울시 공무원 숫자가 얼마인지 아느냐?"라고 물어 당혹하게 만들었던 적이 있다. 한명숙 후보는 그걸 몰랐기 때문이다.

그러나 이런 난감한 상황에서도 뚫고 나갈 방법이 없는 건 아니다. 이처럼 상대방이 도저히 모르겠는 사례를 들고 나올 경우 일반적으로 헤쳐 나가는 패턴은 상대가 같다고 들고 나온 사례는 다른 점을, 다르다고 들고 나온 사례에 대해서는 같은 점을 지적해줄 수 있어야 하는데, 바로 이렇게 상대방에게 무언가에 대한 규명의 '의무'를 뒤집어씌우는 것이 함정 화법의 요체이다.

위의 사례에서 A는 이벤트 준비 요원이 5명 필요하다고 했는데, B는 과거에는 2명 가지고도 너끈히 해냈다며 A를 공격했다. 이를 반박하기 위해 A는 어떻게 해서든지 지금 하는 이벤트와 과거 광주에서 했던 이벤트의 차이점을 규명해 내어야 하는 의무에 빠졌다. 만일 그 차이점을 규명해내지 못한다면, 논쟁에서 패할 수밖에 없다.

이렇게 상대를 규명의 함정에 빠지게 하는 방법 중 가장 흔히 쓰이는 것은 상대방의 말이 틀렸다는 사례나 통계를 제시하는 것이다.

A : 사회 불안정을 진정시키고, 국민들 삶 최소한의 안정성을 확보하기 위해 복지는 점점 늘려나갈 필요가 있습니다.
B : 지금 복지 선진국이라고 하던 유럽 국가들도 복지를 다 줄이고 있다는 걸 모르십니까? 과도한 복지가 가져오는 국가적 위기들을 보면서도 그런 이야기를 하시는 거요?

A : 이번 신제품의 대량 불량 사태로 말미암아 고객 문의 전화가 3.5배나 증가하였습니다. 일시적으로라도 인력 충원이 더 필요합니다.
B : 작년에 우리 경쟁사인 B사에서도 대량 리콜 사태를 맞았는데, 그를

위한 인력 충원은 별도로 하지 않았어. 왜 자네만 유난을 떠는 건가?

상대의 이야기에 반하는 사례를 가져올 때는 주로 과거의 사례를 뒤져 보거나 아니면 다른 사람, 다른 조직, 다른 국가에서 한 일 중 상대방 주장과 반대로 행해진 것들을 찾아내서 제시해주면 된다.

간혹 TV 토론을 보면 좀 배웠다는 고위 관료나 학자들이 나와서 미국이나 유럽에선 이렇게 한다, 저렇게 한다고 하면서 자신의 주장을 뒷받침하는 근거로 잘 활용하는 모습을 볼 수 있다. 다른 곳에서 하는 일 중 상대방이 제시하는 방향성과 다른 사례를 최대한 긁어모으는 것은 가장 기초적인 토론 준비 가운데 하나일 것이다.

이건 기초 중의 기초에 불과한 일이기에 진짜 토론을 잘하고 싶고 이기고 싶다면 상대방이 나의 주장에 반하는 다른 곳에서의 사례를 무엇을 가져올지 예상을 하고 그에 대응하는 카운터 펀치를 준비해두어야 한다. 이걸 하지 않고 토론을 준비했다고는 할 수 없다.

사례 말고 또 제시할 수 있는 건 통계다. 통계는 거짓말은 하지 않지만, 대신 만지는 사람의 마음에 드는 진실만을 보여주는 툴이다. 거짓은 아니되 진실도 아닌 것이 바로 통계다. 진짜 토론 고수가 되기 위해선 통계의 진실과 허구를 제대로 짚을 줄 알아야 하는데, 일단 상대방의 주장이 틀렸음을 증명하는 통계 자료를 적절히 터뜨리면 상대방은 자신의 의견과는 반하는 통계 자료와의 씨름을 토론장에서 새롭게 시작해야 한다. 물론 통계의 진실은 그걸 만든 사람의 관점과 의향에 따라 창조되는 것이기 때문에 격파하는 게 불가능한 일은 아니지만, 일단 팩트적 성격을 띠고 있는 것이기 때문에 갑자기 맞닥뜨리면 까다롭지 않을 도리가 없다.

검사 : 남편은 이번 사건의 피해자인 부인을 수차례 폭행해 왔고 그 목격자들도 아주 많습니다. 이번 살인사건의 가장 유력한 혐의는 역시 피해자 남편에게 있을 수밖에 없습니다.

변호사 : 검사는 불확실한 정황증거를 가지고 섣부른 단정을 하고 있습니다. 피고인 남편이 폭행을 휘둘렀으니 가장 유력한 용의자라고요? 통계적으로 봤을 때 폭력을 휘둘렀던 남편이 실제로 부인을 살해하는 경우는 0.1%에 불과합니다. 고작 0.1%를 가지고 범인이라고 성급하게 단정하는 것입니까?

이 통계 결과 때문에 검사는 0.1%의 터무니없는 억측으로 피고를 기소한 무분별한 사람으로 몰리게 되었다. 그런데 사실 위 통계는 함정이 있다. 분명히 통계는 거짓말을 하지 않기 때문에 틀린 팩트는 아니겠으나, 함정은 원래 '살인'이란 그렇게 잘 발생하는 일이 아니라는 점에 있다. 폭력 남편이 살인을 저지를 확률이 0.1%라니까 엄청 적어 보이지만, 살인 자체가 일어날 확률이 원래 적은 것이다. 그러나 이러한 통계의 허구를 상대가 갑작스럽게 제시했을 때 바로 아래처럼 캐치해 낼 사람은 흔치가 않다.

검사 : 지금 변호사는 자신에게 유리한 통계 수치만을 들고 나온 것인

데요. 말씀하신 대로 폭력 남편이 부인을 죽일 확률은 0.1%입니다. 그러나 원래 살인이라는 것이 그렇게 높은 확률로 일어나는 것이 아닙니다. 이미 피해자인 차 여인은 죽었습니다.

살인이 일어났다는 것을 기준으로 놓고 통계를 보면 상황은 전혀 다릅니다. 통계적으로 살해당한 여성의 남편이 평소 상습 폭력을 휘둘렀다면 그가 범인일 확률이 80%에 달합니다. 폭력 남편의 살해 용의는 충분히 통계적 개연성이 높은 것입니다.

이처럼 상대방이 나의 의견에 충분히 반증의 증거가 되는, 그러나 나는 잘 알지 못하는 사례나 통계를 들고 나왔을 때는 어떻게 해야 하는가?

갑작스럽게 규명의 함정에 빠졌을 때는 어떻게 해야 하는가 - 다른 점을 규명해 내는 방법

먼저 가장 처음 예로 든 이벤트 인원수 논란을 살펴보자. A는 갑자기 B가 제시한 광주 이벤트 건과 지금 하려는 대전 이벤트 건의 차이점을 규명해 내야 하는 트랩에 빠졌다. 이걸 규명해 내지 않고는 A가 원하는 대로 5명의 지원을 받는 데 있어 사람들의 공감을 이끌어 내기란 매우 어려워진다.

차이점을 규명해내는 첫 번째 방법은 다른 변수 요인을 찾는 것이다.

A : 그때는 장성기획하고 같이 조인이벤트 했던 것 아닙니까? 그쪽에서도 꽤 많은 일을 했잖아요. 그때랑 지금을 똑같다고 보시면 안 되죠.

이처럼 논쟁이 되는 사안(인원수) 에 직접적으로 영향을 끼칠만한 별도의 다른 요소(다른 이벤트 회사에서 별도 노동력 제공)를 나는 직접 변수라고 부른다. 이 경우는 상대방이 자기한테 유리하게 들고 나온 과거의 사례에 대해 어느 정도 알고 있기에 잘 대처가 된 경우다. 하지만 이렇게 해당 사항에 대해 잘 알지를 못하는 때에 있어선, 갑자기 직접 변수를 찾아내기란 쉽지가 않다. 상대가 들고 나온 사례를 격파하는데 직접 변수만 한 게 없지만, 그에 대해 전혀 아는 바가 없을 때는 어떻게 하는가? 임기응변으로 헤쳐나갈 수밖에 없을 때 써먹기 좋은 도구는 위와 같은 직접 변수보다는 간접 변수다. 사례를 보자.

직접 변수를 모를 땐, 간접 변수로 탈출구를 마련하자

A : 그때 2명 가지고 했으니까, 지금도 2명 가지고 입 다물고 하라는 말씀이신데요. 하지만 그때랑 지금은 목적이 다릅니다. 지금은 그때보다 더 큰 성과를 거두려고 하는 겁니다.
부서의 목표 매출이 3년 전보다 얼마가 더 커졌습니까? 고객들의 요구 사항은 또 얼마나 다채로워졌습니까? 매번 하던 식으로 똑같이 만 해서야 무슨 발전이 있겠느냐는 겁니다. 투자는 똑같이 하면서 효과는 매번 발전하길 기대하는 건 도둑 심보에 불과한 것입니다.

① 환경이 다르잖아(시작점이 다르잖아)

첫 번째 쓸 수 있는 간접 변수는 제반 환경이다. 그때와 지금은 환경이 다르다는 것이다. 여름과 겨울에 군대의 행군 방식이 다른 것처럼, 당연히 모든 일은 환경에 따라 달라져야 하는 게 맞다. 상대가 똑같다고 들고 나온 사례에 대해 배경과 환경이 다르다고 지적해 주는 방향을 모색하는 게 첫 번째 탈출로이다.

B : 지금 복지 선진국이라고 하던 유럽 국가들도 복지를 다 줄이고 있다는 걸 모르십니까? 과도한 복지가 가져오는 EU 국가들의 위기를 보면서도 그런 이야기를 하시는 거요?

A : 유럽 국가들과 우리나라는 환경 자체가 다릅니다. 유럽과 우리나라의 다른 환경에 대해서는 왜 생각하지 않으시나요? 유럽 국가들은요, 상당수 복지를 이미 이뤄놓고 오랫동안 지속해온 국가들입니다. 이미 충만한 복지를 가지고 있는 나라들에서 조금 줄인다고 우리같이 복지가 없는 나라가 같이 줄인다는 거는 말이 안 되는 이야기입니다.

원래 과하면 줄이고 부족하면 늘리는 게 당연한 이치 아닙니까? 과한 나라에서 줄여도 부족한 나라에선 늘릴 수도 있는 거죠. 과한 나라가 줄이면 우리도 따라 줄여야 한다는 건 논리가 아니라 억지죠. 그럼 A씨께서는 과거 20세기 유럽 국가들이 크게 복지를 늘릴 때 유럽 국가들이 복지 늘리니까 우리도 따라서 늘리자고 지금처럼 주장하셨나요? 그리고 앞으로 혹여 유럽 국가들이 다시 복지 늘리면 늘리자고 그때는 하실 겁니까? 대답하십시오.

환경이라는 간접변수에서 한 단계 더 디테일하게 들어가 보면, 특히 그중 유용한 것이 바로 시작지점이 다르다는 것이다. 위에서 B는 유럽 국가들과 우리의 복지가 그 현황이 같지 않기 때문에 똑같은 잣대를 대는 것은 무리라고 하고 있다. 즉, 유럽 국가들은 이미 오래전부터 복지 늘리기를 시작해서 멀찍이 앞서 있는 것이고 우리는 뒤처져 있기 때문에 그들이 속도를 늦춘다고 우리도 따라 늦춰서는 안 된다는 논리이다.

보통 단순한 논객들이 외국 어느 선진국이 이렇게 하니까 우리도 그래야 한다고 주장하곤 하는데, 조금만 생각 있는 사람이 카운터 패널로 나오면 그런 주장은 쉽게 박살이 나고 만다. 다른 나라 사례를 가져와 제대로 싸우려면 그 나라와 우리나라 사정 양쪽 모두를 정확히 비교할 수 있는 지식수준이 있어야 한다. 물론 상대방 능력이 별 볼 일 없다면 선진국이 이렇게 하니까 우리도 이렇게 하자라는 단순한 논거로도 충분히 먹힐 때는 있다.

② 너는 현실을 모르니까 그런 이야기를 하는 것이다

두 번째 쓸 수 있는 방식은 "너는 현실을 모른다."라는 것이다. 원래 멀리서 보는 것과 실제 그 일을 해보는 것은 당연히 같을 수가 없는데 멀찍이서 대충 보고 그 일을 다 아는 것처럼 논하는 이들이 이 사회엔 너무나 많다. 공공기관에 근무해 보지도 않고 공공기관은 무조건 편할 것이라고 보는 사람들이나, 사무직이 제조업보다 무조건 노동 강도가 약할 것으로 생각하는 사람, 군대 가보지도 않고 그까짓게 뭐가 힘드냐고 투덜대는 사람 등등 그런 사례는 너무나도 많다.

바로 이 "너는 진짜 현실을 몰라."라는 좀처럼 반박이 어려워 보였던 위 이벤트 인원수 논쟁 같이 핀치에 몰렸을 때 써먹어 볼 수 있다. 특히 직장에서 업무 분담 관련 논쟁할 때 유사하게 활용할 수 있으므로 한번 유심히 봐두면 좋을 것이다.

B : 과거 광주광역시 홍보 이벤트 때 나는 지원인력 2명만 가지고 했던 적도 있네. 괜스레 불평불만 하지 말고 가서 일이나 하게나.

A : 그때 B 팀장님이 일을 직접 하질 않으셔서 그때 얼마나 고되었는지 알지를 못하시니까 그런 이야기를 쉽게 막 하시는 겁니다. 그때 같이 일했던 C군은 지금 팀장님 눈치를 보느라고 이야기를 못 할 뿐이죠.

즉 이건 "네가 무언가 알지 못하는 현실이 있다."라는 간접 변수를 이야기하는 것이다. 달리 예를 든 복지 논쟁에서도 써먹어 볼 수 있다.

A : 지금 B씨는 우리나라 빈곤층들의 생활 환경이 얼마나 어려운지 그 실상을 알고는 계십니까? 얼마 전 ○○○지역에서 세 모녀가 생계를 비관해서 동반 자살한 그 사건, 알고는 계십니까? 이 나라에서 그런 일 좀 막아보겠다는 게 그리 큰 잘못입니까?

요컨대 유럽 국가들이 복지를 줄이는 게 트렌드니까 우리도 줄이자라는 건 상당히 거시적인 접근 방법이다. 그러나 상대가 이렇게 거시적으로 나올 때 그에 대한 반박을 꼭 거시적으로 해줘야 하는 것은 아니다. 거시든 미시든, 내가 자신 있는 방향으로 초점을 끌어다 맞추면 된다. 대개 거시가 강한 사람은 미시가 약하고, 미시가 강한 사람은 거시를 잘 모른다. 공부만 하던 학자, 교수, 공무원 같은 사람들은 그래서 거창한 이론을 줄줄 읊으며 거시적인 이야기는 잘하지만 정작 밑바닥 중산층, 서민의 삶은 잘 모른다. 그래서 밑바닥 사람들이 보기에 그들의 거시적 이야기는 늘 뜬구름 잡는 이야기로 느껴질 뿐이다. 이걸로 "너희들은 무식해서 나의 이야기를 이해 못하는 것뿐"이라는 마음가짐을 가진 학자나 공직자들도 있다. 반면 실제 현장에 있는 사람들은 학계나 공직계에서 먹힐만한 거창한 이야기를 썰 풀기가 어렵다. 실무에는 강하지만 먹물형 이론에는 약하기 때문이다.

이처럼 사람마다 자기가 강한 분야와 약한 분야가 있게 마련인데, 상대가 학식이 풍부하다고 보이면 위축되지 말고 그에 맞서 지극히 현실적이고 디테일한 사례로 맞불을 놓는 게 좋은 전략이 된다. 또 갤러리들은 대개 감성적인 소재에 약하다는 점도 잊어선 안 된다. 통계는 이성에의 설득을 목표로 한다면 밑바닥 현실의 사례는 감성에 강하게 어필한다. 상대의 예봉을 피하고, 상대가 자신 있어 하는 영역에서 싸우지 말고 나의 홈그라운드로 끌어들이려는 노력은 모든 싸움에서 필수 불가결한 고려요소가 된다.

③ "네 일 아니라고 그렇게 쉽게 이야기하지 마라."

세 번째 쓸 수 있는 "네 일 아니라고 막말하지 마라."라는 것이다.

B : 과거 광주광역시 홍보 이벤트 때 나는 지원인력 2명만 가지고 했던 적도 있네. 괜스레 불평불만 하지 말고 가서 일이나 하게나.

A : 원래 남의 일은 다 쉬워 보이지요. 세상에 내가 안할 일만큼 쉬운 일이 어디 있겠습니까? 남의 일이라고 너무 쉽게 이야기하시는군요.

여기서 제기하는 변수는 바로 '상관도'라는 것이다. 뭐든지 그 일에 깊이 관여하는 사람, 즉 상관있는 사람이 느끼는 체감도와 나와는 별 상관없다고 생각하는 사람이 느끼는 문제의 체감도는 크게 차이가 나기 마련이다.

사실 이건 임기응변의 책략이라기보단 실제 우리가 쉽게 놓치는 매우 중요한 요소이기도 하다. 실제 그 일과는 별로 상관없는 사람, 특히 그 일이 빚어내는 어려움, 고통 등과 별 관계없는 사람들이 오히려 목소리를 높여서 실무자를 괴롭게 하는 일이 우리네 직장이나 각종 조직, 사회 전반에선 너무나 많이 벌어진다. 스스로 해당 사안에 대한 '상관도'가 낮다면 좀 입을 다무는 게 좋을 텐데 우리나라 사람들 중 많은 수가 좀처럼 그러질 못하는 때가 잦다.

직장에서도 대개 당신에게 딴죽을 거는 사람들은 실제로 당신이 겪고 있는 힘듦과 고통을 전혀 나누려 들지 않는 사람일 것이다. 그들에게 남의 일이라고 무조건 쉽게 말하지 말라는 말은 마음속에 가지고 있다가 적절한 순간에 꼭 써먹어 둘법한 코멘트이다.

물론 당신에게 딴죽을 거는 간교한 자들이 그냥 듣고만 있지는 않을 것이다.

"나도 예전에 다 해봤어. 그까짓 게 뭐가 힘들다고 난리야?"

사실 이것도 말이 안 되는 이야기다. 뭐든지 과거에 한 일은 그 체감 농도가 흐려지기 마련이다. 30년 전에 만리장성을 쌓은 사람과 지금 만리장성 쌓는 노동자가 느끼는 체감 고통이 어찌 같으랴? 흔히 나이 많은 사람들이 젊은이들 고생하는 것 보고, "난 예전에 그것보다 더했어."라고 말하곤 하는데, 그렇다고 어찌 지금 현재 고통을 받는 사람의 마음을 이해하겠는가? 불가능한 일이다. 이게 바로 시간의 힘이다. 시간의 흐름이라는 인생의 가장 중요한 변수조차 인식하지 못하는 사람들이 "나도 옛날에 더한 고생해봤어" 운운하며 먹히지도 않을 충고를 남발하곤 한다.

B : 과거 광주광역시 홍보 이벤트 때 나는 지원인력 2명만 가지고 했던 적도 있네. 괜스레 불평불만 하지 말고 가서 일이나 하게나.

A : 그렇게 쉬워 보인다면 직접 한번 해보시죠?

B : 그 일은 내 소관이 아닌데 왜 내가 직접 해?

A : 소관이 아니면 이래라저래라 지나치게 간섭하시는 것은 좋지 않습니다. 직접 하실 게 아니라면 좀 지켜 볼 줄도 아셔야 한다고 봅니다.

B : 뭐가 어쩌고 어째? 나는 너의 선배인데 내가 말도 못하나?

A : 선배라서 이야기하는 게 아니라, 남을 깎아내려서 자신이 더 열심히 일하는 사람처럼 보이려는 속셈 때문에 이야기하시는 것 아닙니까?

위에서 인원 늘려달라는 요청을 거부당하고 있는 A씨의 처지와 비슷한 상황에 처해있는 사람이라면, 바로 위의 멘트를 적당히 부드럽게 말을 바꾸어서 써먹어 보면 좋을 것이다. 물론 위 말 그대로 하는 건 건방져 보일 수 있지만, 조직 문화에 따라 적절히 각색해서 써먹으면 될 듯하다.

④ 그것과 이것은 특질이 다릅니다

마지막 간접 변수는 세부적인 특질이 다르다고 하는 것이다. 비슷해 보이지만 세부적으로 따지고 들어가면 그 '특질' 이 다른 일들은 너무나 많고, 실제로 난무하는 대부분의 비교는 이 다른 특질을 놓치는 경우가 너무나 많다.

A : 이번 가격 인하 때문에 구매 문의 너무나 폭주하고 있습니다. 전월 대비 3배나 증가했습니다. 상담 전화받을 인력 충원 등 대책이 필요할 것 같습니다.

B : 저도 과거 홈페이지 개편 때 전화업무가 폭증했던 적이 있습니다. 일시적 업무 폭증은 어느 영역에나 늘 있는 일인데 조금 오버하시는 것 같군요.

A : 가격인하 문의는 간단하기 짝이 없는 홈페이지 조작 문의와는 차원이 다릅니다. 구매 의사를 결정하려고 걸어오는 전화이기 때문에 단위당 통화시간도, 언쟁도 훨씬 많이 발생합니다. 전혀 다른 걸 같다고 하고 계시는군요.

아주 디테일하게 파고 들어가면 완전히 똑같은 일은 세상에 많지 않을 것이다. 상대가 <A와 B는 같으니까 따라서 너는 틀렸다>라는 논법으로 나올 경우는 A와 B가 얼핏 비슷해 보이나 세부적으로 들어가면 서로 그 특질이 다르다는 화법으로 반격할 수 있다.

A : 아니, 휴일을 늘리자고요? 우리나라의 노동 생산성은 미국(61.6달러), 프랑스(59.5달러), 독일(58.3달러)의 절반에도 미치지 못하는 게 현실입니다. 이런 상황에서 무턱대고 근로 시간이 많다고 떠드는 게 맞는 이야기입니까? 마냥 놀면 이 험한 글로벌 경쟁에서 어떻게 이긴단 말입니까? 아직 우리나라는 더 열심히 일해야 하는 나라입니다.

B : 지금 각국의 다른 경제 형태에 대해 전혀 모르셔서 그런 단순 비교를 하시는데요. 노동 생산성은 노동자들이 열심히 일을 하냐 안 하느냐의 문제가 아니라, 구조, 시스템의 문제입니다. 똑같은 시간에 핸드폰을 만드는 노동자하고 양말을 만드는 노동자하고 어느 쪽이 더 생산성이 높겠습니까? 당연히 핸드폰이 높죠. 가격이 높으니까요. 양말을 많이 만드는 나라 직원들은 아무리 열심히 일하고 하루 12시간을 일해도 핸드폰 많이 만드는 나라를 이길 수가 없는 겁니다. 이건 일을 열심히 하냐 안 하냐가 아니라 그 나라 경제 구조를 고쳐야만 해결되는 문제인 겁니다.

여기서 A는 우리나라가 미국, 영국 등에 비해 노동생산성이 반도 안 되니까, 더 열심히 일해야 한다는 논리를 펼치고 있다. 이때 우리가 초점을 맞춰야 할 반론의 방향성은 바로 미국, 영국 등과 우리나라 경제 활동의 특질이 다르다는 것이다. 물론 경제나 생산성에 대해 평소 아무 생각도 없던 사람이 위 B처럼 바로 좋은 반격을 하는 건 쉽지 않겠으나 기본적으로, 상대가 제시한 사례와 현재의 주된 논의 대상과는 무언가가 다르다는 것을 기본 방향으로 정해놓고 답을 찾아가다 보면 상대적으로 덜 헤매고 길을 찾아낼 수가 있다. 위 사례에서라면 미국, 영국 경제와 한국 경제의 차이가 뭘까? 설사 전문가가 아니더라도 차이가 있다는 것쯤은 쉽게 이야기할 수 있다.

B : 아니, 미국, 영국하고 우리나라랑 똑같습니까? 어떻게 무턱대고 똑 같다고 보고 이야기를 하세요?

이 정도 이야기는 누구라도 할 수 있다. 아무 말 못하고 당하는 것보단 훨씬 낫다. 그럼 대체 여기서 말하는 미국 경제와 한국 경제의 차이가 뭔가? 그걸 서술할 능력이 우리에게 없을지라도 무언가 다른 것은 있을 것이다. 차라리 상대를 강하게 타박해서 압박하는 것도 방법이다. 순박한 태도로 그냥 "미국과 한국은 다릅니다."라고 하면 "대체 뭐가 다릅니까? 설명해 보시죠."라고 규명의 책임을 뒤집어쓸 우려가 있다. 그러나 위와 같이 강하게 상대방을 타박하듯이 말하면 상대방이 미국과 한국을 단순 비교할 수 있는 이유를 설명해야 하는 것처럼 시츄에이션이 만들어진다. 갤러리들에게 최대한 규명의 책임이 내가 아니라 상대방에게 있는 것처럼 이미지 메이킹을 하는 게 대단히 중요한 포인트다.

함정 효과를 극대화하는 데 필요한 것은 상대의 자유도를 빼앗는 것

상대방이 제 입으로 말을 하게 만들어 스스로 무너지게 하는 함정 전략은, 유용한 말 기술이긴 하나 간혹 고수인 상대방을 만나면 오히려 기회만 제공해버리고 마는 역효과를 낼 때도 있다. 그 대표적인 사례가 바로 2014년 지방선거 때 있었던 충남 도지사 토론회이다. 당시 당선된 안희정 도지사의 카운터 파트에 있던 상대 후보는 안 후보에게, 곤란한 질문을 던졌지만, 오히려 그에 대해 안희정 후보는 자신의 빼어난 점을 더 어필하는 계기로 멋지게 활용을 하였다.

이렇게 역효과가 나는 어설픈 공격이 되지 않으려면, 그냥 단순히 상대방에게 말을 하게 만드는 것으로 그칠 것이 아니라 그가 가진 선택지를 좁히고 자유도를 빼앗는 언어적 조치를 취해야만 한다. 함정, 트랩 전략을 보다 강화하기 위한 한 단계 더 나아가는 전술에 대해 지금부터 알아보도록 하자.

summary noet

함정, 트랩 Trap 전략

새로운 주제를 급격하게 던진다

대부분의 것은 충분히 생각할 시간이 있다면 해법을 알 수 있는 사안들이다. 문제는 갑자기 제시된 문제는 순간적으로 답을 찾기가 어렵다는 점이다. 이렇기 때문에 새로운 테마, 새로운 관점을 먼저 던지는 쪽이 절대적으로 유리하다.

상대방에게 〈규명의 의무〉를 최대한 뒤집어 씌워라

이렇게 상대가 국면을 전환하는 새로운 테마를 던질 경우를 대비하여 우리는 메인 테마와 연계되어서 터져 나올 수 있는 연계 주제에 대해 미리 생각을 해두어야 한다.

직접 변수를 모를 땐, 간접 변수로 탈출구를 마련하자

① 환경이 다르잖아(시작점이 다르잖아).

② 너는 현실을 모르니까 그런 이야기를 하는 것이다.

③ "네 일 아니라고 그렇게 쉽게 이야기하지 마라."

④ 그것과 이것은 특질이 다릅니다.

함정 전략의 업그레이드 <족쇄 전략> -어려운 말하게 만들기

상대방을 함정에 빠뜨리는 트랩 전략, 그 핵심은 상대에게 더 말을 하게 만드는 것이라고 했다. 더 세부적으로 들어가면 올바른 전술의 구현은, 상대를 말을 하지 않으면 안 되는 상황으로 몰아넣는 것이고, 해야 하는 그 말이 몹시도 하기 어려운, 껄끄럽고 부담스러운 내용이어야만 한다. 교활한 사람일수록 언쟁에서 상대방을 이런 곤경에 잘 처하게 한다. 족쇄를 채우고 스스로 불리한 말을 하게 만드는 것이다. 족쇄를 채우지 않고 어설피 트랩 전략을 썼다가는 역관광을 당하기 십상이다.

언쟁 화법에서 가장 유용한 것 중의 하나인 족쇄 전술, 그 세부적 기술들을 살펴보자.

네 말대로 하면 과연 그렇게 될까? - 더 무거운 책임 지우기

최대한 어려운 말, 스스로 자기 발목을 붙잡는 말을 하게 만들려면 어떻게 해야 하는가? 우리가 타인과 벌이는 언쟁의 종류는 크게 2가지로,

1. 주장하는 바를 관철하기 위함
2. 잘잘못, 책임소재 따지기

대부분의 언쟁이 이 2가지 큰 범주 내에서 이루어진다. 이 2분류 중 첫 번째에 해당하는 언쟁을 벌일 때 유용한 족쇄들을 소개해 볼까 한다. 첫 번째는 바로, <네 말대로 하면 과연 그렇게 될까?>이다.

A : 우리나라의 노동 생산성은 미국, 프랑스, 독일의 절반에도 미치지 못하는 게 현실입니다. 이런 상황에서 무턱대고 근로 시간이 많다고 떠드는 게 맞는 이야기입니까? 마냥 놀면 이 험한 글로벌 경쟁에서 어떻게 이긴단 말입니까?

B : 그럼 A씨 말씀대로 하면, 근로 시간을 늘리면 미국, 독일, 프랑스와의 생산성 격차가 확실히 줄어들겠군요? 혹시 근로 시간을 늘리면 선진국과의 연구 격차가 확실히 줄어든다는 어떤 연구결과라고 가지고 계십니까? 근로 시간을 늘리면 국가 경제가 더 반드시 발전할 것이라고 보는 근거를 제시해보시죠.

상대의 말이 틀렸다는 것을 정면으로 입증해 주는 것은 쉬운 일이 아니다. 그보다는 너의 말이 '절대적'으로 옳다는 것을 스스로 입증하라고 좁아진 골목길로 몰아가는 편이 훨씬 승리를 쉽게 줍는 방법이다. 그러기 위해선 될 수 있는 대로 상대방에게 질문하게 하지 말고 내가 질문을 해야 한다. 질문이야말로 논쟁의 주도권을 쥘 수 있는 가장 요긴한 열쇠이다.

<복지 논쟁 중>

A : 작년도 우리나라 부채가 얼마인 줄 아십니까? 482조 원입니다. 이 부채는 계속 폭발적으로 늘어 2017년에는 600조가 넘으리라고 예상되고 있습니다. 이런 어려운 경제 상황에서 무조건 표를 얻자고 무상 복지 공약을 남발하는 것은 우리 아이들에게 경제적 망국을 물려주자는 이야기와 다를 바가 없습니다.

B : 그럼 복지만 없애면 우리나라 부채는 다 탕감이 된다는 얘깁니까? 그리고 그 부채들이 그럼 다 복지 때문에 생긴 겁니까?

여기선 A가 <복지를 늘리면 나라 경제가 어려워진다>라는 것에 대해 <그럼 네 말대로 복지를 감축하면 부채 문제가 해결되는가?>라고 반문하고 있다. 일반적으로 복지 옹호자들이 반박하는 패턴은, 복지를 올린다고 경제가 죽지 않는다, 복지를 올리면 오히려 서민들의 가처분 소득이 증대되어 경제 전반이 더 활성화될 수 있다, 등등의 이야기를 한다. 그러나 이 주장도 따지고 들어가 보면 꼭 그렇다고 볼 수는 없는 허점들이 있을 수 있다. 특히 상대방이 나보다 해당 분야 지식이 더 많을 때 섣불리 "내 말대로 하면 이렇게 될 것이다."라는 주장을 펼치는 것은 크게 박살이 날 위험이 있다.

그렇기 때문에 오히려 역으로 상대방에게 주장하게 하고, 상대방의 주장을 단정적 형태로 강요하고 몰아가는 것이 말싸움에선 이기는 첩경이다. 복지를 늘리면 서민 경제가 좋아져서 국가 경제가 나아진다는 것도 허점이 있을 수 있으나 역으로 복지만 없애면 부채가 다 없어지고 국가 경제가 좋아질 것이라고 보는 관점도 문제는 있을 수 있다. 스스로 허점을 떠안지 말고 상대에게 허점을 떠안도록 하는 방향을 가급적 선택해 나가야 한다. 그러기 위해 가장 필요한 테크닉은 위의 B처럼 상대방에게 단정적 주장을 하도록 강요를 하는 것이다.

강요형 질문이야말로 최고의 족쇄고, 승리를 위한 가장 편한 길 중의 하나다.

상대방에게 단정적 주장을 강요하라 - 단정 강요 화법

보통 지나치게 단정적인 이야기는 어딘가엔 반드시 허점이 있게 마련이다.

ex1) 결혼을 하면 반드시 불행해진다

ex2) 결혼을 하지 않는 사람은 반드시 불행해진다

위 2가지 단정적인 표현은 모두 허점투성이인 말도 안 되는 문장들이다. 반면에 아래와 같이 말하면 공격받을 여지가 극히 적어진다.

ex3) 결혼을 해서 불행해지는 사람도 있지만, 꼭 그렇지 않을 수도 있다.

ex3번 문장이 공격받을만한 여지가 적은 것은 그 표현이 단정적이지가 않기 때문이다. 단정적인 표현은 말하는 사람에게나 듣는 청중에게나 시원스럽다는 인상을 줄 수 있고, 정확한 통찰력을 내포하고 있을 경우 통쾌감을 안겨주는 때도 잦으나 기본적으로 공격에 취약하다. 따라서 상대방의 약점을 만들고 싸움을 편하게 하기 위해서는 상대에게 단정적 표현을 하도록 강제를 해야만 한다.

A : 지난번 선거 때 지역구민들에게 S그룹을 통한 복합 레저 타운 건립을 약속하셨는데 지키지 못하셨습니다. 본격 토론에 앞서 우선 이에 대해 구민들께 사과하시고 시작하실 의향은 없으십니까?

B : 그 건에 대해서는 이미 언론을 통해 해명자료가 다 나간 건입니다. 현재 건립을 위한 논의가 아직도 진행되고 있고 사업 타당성 검토를 정부에서 완결해주지 않은 사안입니다.

A : 아직 어쨌든 건립이 안 되지 않았습니까? 건립 약속을 하셨습니까? 안 하셨습니까? 건립이 되었습니까? 안 되었습니까? 그것만 답변하세요.

이건 상대방을 추궁하며 몰아넣을 때 가장 유용한 화법 중의 하나인 Yes, No 강요 화법이다. 이런저런 얘기하지 말고 예스냐 노냐 둘 중의 하나로만 답변하라고 몰아붙이는 것이다.

원래 Yes, No 둘 다 극도로 단정적인 표현이고, 확실한 Yes, 확실한 No는 모두 공격받기도, 욕먹기도 쉽다.

A : 그러니까 4대강 사업에 찬성하시는 겁니까? 반대하시는 겁니까? 예스냐 노냐 답변하세요.

B : 최대한 국민들의 의견을 모아서 바람직한 방향으로 결정이 되어야…….

A : 그러니까 당신이 찬성하시느냐구요, 반대하시느냐구요?

당연히 위의 B가 찬성이다, 반대다, 어느 쪽으로든 정확한 의사 표현을 하는 순간 어느 편에서든지 간에 필연적으로 욕은 먹게 되어 있다. 일단 상대방이 파란색이냐? 빨간색이냐를 명확하게 하라고 강요하고 기왕이면 최대한 짙은 빨강, 짙은 파랑으로 만들어 놓아야 극단적인 것 그 자체를 싫어하는 우리나라 문화상 싸움에서 더 유리한 고지를 점할 수가 있다.

A : 의원님, 이번 여당에서 제기한 문제에 대해 국민들께 사과하실 생각 있으십니까?

B : 아직 결과를 더 지켜봐야 할 것 같습니다. 야여당에서 제기한 제 과거 발언에 대해서는 일단 앞뒤 다 잘라 의도적으로 곡해시킨 부분이 많습니다.

A : 그러니까 국민께 사과하실 생각이 없으시다는 거죠?

정치인이건 일반인의 사회생활이건 낙마를 유발하는 가장 잦은 요소 중의 하나가 바로 '말실수'인데, 말실수가 발생하는 유형은 여러 가지가 있지만, 그 중 가장 흔한 것이 단정적으로 표현하려다가 파생되는 것이다. 단정을 은근슬쩍 강요하다 보면 높은 확률로 상대의 실족을 유도할 수 있다. 또 실수 유발이 아니더라도 위의 B 의원 같은 경우는 A의 질문에 몹시 큰 난감함을 느낄 수밖에 없다. 이 단정 강요 질문에 대해 Yes라고 대답을 하자니 자신의 잘못을 너무 선선히 인정하는 모양새가 되고, 그렇다고 No로 하자니 다음날 신문에, "B 의원, 국민에게 사과할 생각 추호도 없어."라는 제목의 뻔뻔한 모습으로 실릴까 봐 걱정된다. 바로 단정 강요는 이처럼 상대를 이러지도 저러지도 못하는 진퇴양난으로 몰아넣을 수가 있는 유용한 기술이다. 비단 정치나 사회 문제 논쟁뿐 아니라 일상생활에서도 상대를 격파하는데 톡톡히 써먹을 수 있다. 예를 보자.

A : 이번에 3개월 이내 재구매 고객에 대한 할인 혜택에 대해 타 대리점을 이용해 구매한 고객에 대해서도 적용을 해주어야 할 것 같습니다. 괜히 고객 불만 지수만 높이면 애써 시행한 이벤트가 부작용

만 나올까 걱정됩니다.

B : 그렇게는 할 수 없네. 오로지 우리 직영 대리점을 이용한 고객만 대상으로 해야 하네.

A : 하지만 고객 민원이 걱정됩니다.

B : 자네 내 말을 들을 건가, 안 들을 건가

B와 같이 이야기하면 까다로운 언쟁을 단 한 방에 끝내 버릴 수 있다. 물론 폭군, 불통이라는 이미지를 얻을 수도 있지만, 어차피 한국 조직사회에서 폭군이고 불통이 아닌 리더를 찾는 게 더 어려우니 별 신경 안 쓰고 늘 B처럼 말하는 사람은 부지기수로 많다.

A 사원 : 이렇게 무분별하게 할인을 해주게 되면, 나중에 다른 고객들도 이야기를 듣고 너도나도 요청을 해올 수 있습니다. 그렇게 어떻게 하시려고요?

B 팀장 : 그럼 너는 지금 선배들 일하는 방식이 아주 다 틀려먹었다는 이야기지? 그런 얘기야?

이렇게 단정적 주장을 상대방에게 강요하는 것만으로도 상대방은 정신적 압박을 느끼게 되며 위축될 수 있고, 갤러리들에게는 상대방을 극단적인 인물로 이미지 메이킹 할 수 있다. 바로 위에서 B 팀장과 같은 단정 강요가 얼마나 효과적인지는 스스로 A 사원의 입장이 되어 답변하려고 생각해보면 잘 알 수가 있다. 위 B 팀장의 이야기에 '예'로 답변해도 문제가 일어나고 '아니오'로 답변을 해도 문제다.

'예'라고 답변을 하면, 위계 서열이 절대시되는 많은 한국 조직문화에서 하극상을 벌이는 못된 후배가 되며, 반대로 '아니오'라고 이야기하면 애초 내세우려 했던 주장의 기가 꺽이게 된다. 이런 단정 강요 공격을 잘 당해보지 않으면, 상대방이 가지고 있는 문화적, 조직적 권력과 함께 들어오는 콤보 공격에 적절히 대처하기가 어렵게 된다.

이럴 때 가장 확실한 대처는 역공이다.

A 사원 : 제가 언제 일하는 방식이 틀려먹었다는 식으로 이야기했습니까? 그렇게 감정적으로 몰아가지 마시고, 제가 한 말만 가지고 이야기를 해주시죠.

결국 언쟁이라는 것은 상대방의 틀린 부분을 얼마나 잘 지적해주느냐의 싸움이다. 상대방의 말 중에 틀린 부분을 빠르게 찾아내고 지적해 줄 수 있다면 당황과 혼란도 쉽게 진정시킬 수가 있다.

상대의 말 중에 틀린 부분이라 함은,

1. 정당 않은 것
2. 존재하지 않는데 존재하는 것처럼 말하는 부분

3. 존재하는데 존재하지 않는 것처럼 말하는 부분

4. 불명확한 것을 분명한 것처럼 말하는 부분

5. 분명한 것인데 불명확한 것처럼 호도하는 부분

크게 이 5가지를 들어볼 수가 있다. 위에서 B 팀장은 상대방이 하지도 않은 말, "선배들 일하는 방식이 아주 다 틀려먹었다."를 마치 한 것처럼, 즉 존재하지 않았던 걸 존재했던 것처럼 이야기하고 있다. 전형적인 저급한 말싸움쟁이들의 공격방식이다. 일단 이 틀린 부분을 지적해주어야 한다.

A 사원 : 저는 그런 식으로 이야기한 적이 없습니다.

기왕이면 "그런 말 한적 없다."라고 이야기하는 것보다 "그런 식으로 이야기한 적 없다."라고 말하는 게 적절한 반격이 된다. 엄밀하게 따지면 A 사원이 선배들이 틀렸다고 이야기를 한 것은 맞다. 그냥 단순이 그런 말 안 했다고 하면,

B사원 : 그럼 네가 한 말이 우리가 틀렸다는 건지 잘했다는 애기였느냐? 이제 와서 발뺌하냐?

라는 식의 말로 받아칠 건 뻔한 일이다. 여기서 A가 문제시 삼아야 할 부분은 지나치게 극단적이고 부정적인 B 팀장의 표현방식인 것이다.

우리는 흔히 상대방의 말에서 문제를 잡으려고 할 때, 그 내용에서만 문제를 잡으려고 하는데, 능숙한 싸움쟁이들은 내용뿐만 아니라 말의 뉘앙스, 태도, 표현방식에서도 문제를 잘 캐치해 낸다. B 사원이 "그런 식으로 표현하지 않았다."라고 말하는 것은 표현방식을 문제시 삼은 것으로 절대 틀린 말이 아니다. 우리는 실제 남의 말에서 트집을 잡을 때, 그 내용보다 표현방식이나 태도에서 문제시 삼을 게 월등히 많다는 것을 잊어서는 안 된다.

<내용에서 문제 걸게 없으면 표현방식을 문제 걸자> 이는 치사한 말싸움쟁이들이 늘 철칙으로 삼고 있는 문구다. 우리도 잊지 말자.

단정 강요를 보다 쉽게 구사할 수 있는 방법 - 요약 강요

그러나 이렇게 사전에 대처 방식을 인지하고 있지 않은 다음에야, 단정 강요는 상당히 좋은 공격법이다. 그렇다면 이 단정 강요 공격을 효과적으로 잘 쓰기 위해서는 어떻게 해야 할까? 가장 좋은 방법은 상대방의 말을 요약하는 것이다. 공격의 틈이 안 보여도 상대의 말을 요약한다는 관점으로 접근하면 공격포인트가 보인다.

A : 본래 일반적인 민원 처리는 저희 관리팀이 하곤 합니다만, 이번 새롭게 만든 신규 상품의 고객 민원 처리 담당은 관리팀과 상품 기획

팀이 협의하여 결정해야 할 것 같습니다.

B : 그러니까 관리팀에서 민원 처리 일은 이제 하시기 싫으시다는 거구먼?

상대의 말을 나쁜 프레임에 끌어들여 가두는 것이 공격의 대원리인데, 문제는 그 방법을 잘 몰라 허둥대는 경우가 있다는 것이다. 이때 상대방의 말을 요약해버린다는 관점으로 달려들면, 보다 쉽게 단초(꼬투리)가 발견된다. 그리고 그 요약한 말을 기반으로 상대를 추궁하면 된다.

A기자 : 감독님 이번 귀 구단의 저조한 성적으로 인해, 팬들의 원성이 높은데, 향후 거취는 어떻게 하실 예정이십니까?

B감독 : 구단과 논의한 후 충분히 생각하여 결정하겠습니다.

A기자 : 그러니까 한 마디로 자진하여 사퇴할 생각은 없다는 거군요?

이렇게 상대의 말을 한두 마디로 결론만 요약한다는 관점으로 접근하면 상대를 까다롭게 하는 공격이 매우 쉬워진다는 걸 알 수 있다. 때에 따라선 상대방에게 요약을 강요하는 게 그 자체로 훌륭한 공격이 되기도 한다.

윤 상무 : 이보게 김 과장, 올 상반기 실적이 이렇게 전년도보다 성장세

가 둔화한 이유가 대체 뭔가? 이따위로 해서야 되겠는가?

김 과장 : 이번 상반기에는 국가적 큰 사고도 있어 그로 인한 관광 경기 위축과 아울러, 전반적인 건설경기 침체, 공공기관의 투가 감소 등 여러 대외 환경적인 악재가 겹쳐서…….

윤 상무 : 그러니까 가장 큰 이유가 뭐야? 요점만 말하세요.

컨설턴트 : 현재 귀사의 직원 이직률이 왜 이렇게 높다고 보시는지, 자체 분석결과 있습니까?

김 과장 : 그것은 아무래도, 최근 3년간 신임 회장님이 취임하시고 나서, 매출 드라이브 정책으로 말미암아 업무 강도가 불가피하게 높아짐에 따라 직원들의 피로도가 증가한 부분도 있고요.

컨설턴트 : 그러니까 한마디로 요약하면 원인이 뭡니까? 회장님 때문에 그렇게 되었다는 겁니까?

김 과장 : 그런 말씀이 아니지 않습니까?

컨설턴트 : 그게 아니면, 요점만 딱 잘라서 원인을 얘기해보세요. 지금 제가 원인을 물어봤더니 회장님의 매출 드라이브 정책 이야기하지 않았습니까?

답하기 까다로운 일일수록 상대는 말을 주저리주저리 늘어놓으면서 어떻게든 논점을 흐릴 길이 없나 모색을 하게 된다. 이때 상대방에게 딱 한마디로 결론을 내라고 요약 강요를 하면, 그것만으로도 상대를 더욱 곤경에 몰아넣을 수 있다. 이건 전략적 조건이 이미 상대방보다 우위에 처해 있을 때 써먹으면 더욱 상대를 궁지로 몰아넣을 수 있는 화법이다.

우리가 흔히 "그래서? 요점이 뭐야?"라는 말을 많이 하는데, 비즈니스맨이나 남 앞에서 폼잡기 좋아하는 컨설턴트 보면 이 요점만 말하라는 태도가 상당히 효율적이고 멋져 보이는 모습 같다. 사실 굉장히 효과적인 타박 같지만, 실상은 냉정히 말해서 그 대부분이 보다 길고 깊은 커뮤니케이션을 원하는 상대방을 무시하는 효과만을 불러오게 된다.

급할수록 돌아가라는 건 사실 커뮤니케이션에서 가장 유효하게 적용되는 격언이다. 아무리 바빠도 사람 간의 커뮤니케이션에 있어 시간을 무조건 아끼려고만 들면 절대 진정한 소통은 이뤄지지 않는다.

상대의 감정 자극하기 - 감정 족쇄 전략

상대를 스스로 자멸하게 만드는 족쇄 트랩 중 가장 끝판 왕이라고 할 수 있는 것은 역시 상대의 감정을 건드리는 것이다. 말싸움을 할 때 이는 흔히 조롱의 형태로 나타난다. 간교한 싸움쟁이들이 가장 잘하는 것 역시 바로 이 조롱이다.

사실 우리가 인상을 잔뜩 쓰고 고성을 지르는 사람보다 더 조심해야 하는 게 바로, 싸움장에 싱글싱글 웃으면서 나오는 사람이다. 교활한 싸움쟁이들의 경우 특히 웃는 낯으로 자신을 위장하는 경우가 많다. 그들은 싱글싱글 웃으면서 상대방에게 갤러리가 환호할만한 조롱을 날리고 그를 통해 상대를 흔들어서 승리를 올리곤 한다. 일단 논쟁이 시작되었는데도 싱글싱글 웃으면 기본적으로 조심하자.

흔히 웃는 얼굴이 좋은 얼굴, 웃지 않는 얼굴은 나쁜 얼굴이라고 생각한다. 주로 CS강사들 중에 그런 사람들이 많은데, 한 가지 우리가 생각해봐야 할게 "왜 회사는 직원들에게 고객 앞에서 웃으라고 강요하느냐." 하는 점이다. 왜 웃으라고 할까? 웃어야 고객의 기분이 좋아지니까? 맞다. 그럼 왜 고객의 기분을 좋게 만들어주어야 하나? 이게 중요하다. 물건을 팔아먹기 위해서다. 즉, 고객의 호주머니에서 돈을 끌어 내야 하니까 웃음이 필요한 것이다.

사회생활을 하면 십중팔구 웃긴 일도 없는데 웃으면서 내게 접근하는 사람은 나에게서 무언가를 얻어내고자 하는 의도가 있게 마련이다. 그게 없다면 최소한 자신의 대외적 이미지를 좋게 가꿔서 평판을 올리려는 출세의 의도라도 있는 경우가 대다수다.

말싸움에서도 웃음은 결코 긍정적인 요소만은 되질 못한다. 오히려 그런 사람들일수록 상대에 대해 가장 무례하고 악질적인 공격인 망신, 조롱 공격을 능숙하게 쓰는 사람들이다. 만일 당신이 합리적인 결과를 도출하기 위해 예의를 갖추고 논쟁을 하려는 사람이라면 능글맞은 웃음으로 조롱 공격을 하는 싸움쟁이들은 가히 최악의 상대라 할만 하다.

흔히 무조건 웃는 낯이 좋다고 하지만 실제로 웃는다는 행위는 상황에 따라 상대방에 대한 최악의 결례가 될 수도 있다. 아래의 예를 보자. 각 팀별 업무 분장에 대한, 직장에서라면 어디서나 있을 법한 언쟁이다.

[각 팀별 업무 에 대한 토론 중]

A : 우리 부서에선 지원 1팀이 이번 ○○이벤트 건도 그렇고, 장거리 출

장을 가고 힘든 일은 전부 도맡아 하고 있습니다. 지원 2팀은 지난번 XX 건에서도 다 이런저런 이유로 빠져나가고, 이번 ○○건에서는 지원 2팀도 인력을 3명 이상 보내주셔야 맞는 것 같습니다.

B : 아유, 그래서, 그동안 일 많이 했다고 삐치셨나 봐요. 호호호. 그러셨어요. 그간 속 많이 상하셨나 봐요 호호호. 그깟 지방 이벤트 2번 뛴 게 뭐 대단하다고 그렇게 불평질이야. 불평질은.

위 언쟁에서 웃음의 의미는 두말할 나위 없이 '조롱'이고 모욕이다.

말싸움하다 보면 위의 사례처럼, "아유, 그래서 속상하셨어요? 호호호. 삐치셨구나, 호호호." 하는 식의 문제의 본질을 흐리는 조롱은 난무하기 마련이고, 그걸 상대하는 건 몹시도 짜증스러운 일이 된다. 대응을 하자니 더 쪼잔한 놈이 되는 것 같고, 대응을 안 하자니 인격 모독을 당한 것이 분하고 억울하다. 이래서 우리가 논쟁과 토론을 할 때 필수적으로 가져야 할 것이 상대방에 대한 경의다. 그러나 우리는 상대 인격에 대해 전혀 경의를 가질 줄 모르는 소시오패스들과의 대결도 늘 염두에 두고는 있어야 한다.

물론 모든 미소를 머금은 모든 사람들이 나쁘다는 이야기가 아니다. 매순간순간이 재밌고 행복해서, 혹은 웃는 게 긴장이나 심리에 좋다고 생각해서 그런 경우라면 당연히 별문제가 없을 것이다. 그러나 좋은 이미지를 남들에게 주어 그로 인한 평판의 상승을 얻기 위한 사람들도 있다. 조직 생활 중에는 특히 이렇게 자신의 이미지 관리에 천착하는 사람들일수록 강한 출세욕이나 경쟁욕을 감추고 있는 경우가 많기 때문에 조심할 필요가 있다. 이런 류의 인간들 중 일부는 이 웃음을 심리전의 무기로 활용하는 경우가 많으며 아예 사기꾼, 제비족, 꽃뱀, 시사 논객 같은 경우는 직업 활동의 도구로 활용하기도 한다. 연예인 역시도 방송 카메라 앞에서는 부드러운 미소를 날리지만 그걸 보고 사인해 달라고 다가가면 매섭게 외면하는 사람들도 있다. 순수한 미소와 직업적 실리를 노리는 프로페셔널 스마일은 다르게 구분되어 진다는 점을 알아야 한다. 그래야 웃는 얼굴 뒤에 들어오는 갑작스런 칼날에 찔리지 않을 수 있다.

나를 웃음거리로 만드는 공격들

웃는 사람들이 노리는 바는 크게 아래와 같은데,

1. 상대방의 호감 유도("나는 너에게 호의를 가지고 있다."라는 뜻의 웃음) → 속이기(기만)이 용이해 짐
2. 상대방의 방심 유도(사람이 좋고 허술해 보이는 웃음) → 상대방의 집중력, 경계심, 노력 의지 등을 저하시킴
3. 여유, 자신감 넘치는 웃음 → 상대방의 심리적 위축, 초조감을 유도한다.
4. 조롱, 비웃음 → 상대방의 심리적 흥분 유도
5. "나는 너의 위에 있다." 심리적 우월감을 드러내는 웃음 → 상대방의 패배감 및 조급함을 조장 → 실수 및 지나친 오버 액션을 유도함
6. 싸움 관계에 있는 사람이 나타날 때마다 활짝 웃는 모습을 보여줌 → 상대의 스트레스 증가를 도모함

이렇게 싱글싱글 웃는 것은 싸움에서 의외로 괜찮은 심리적 무기가 된다. 이렇게 웃으면서 날리게 되는 조롱 공격은 그 위력이 배가된다.

B : 이봐요. A양, 이번 건은 분명히 당신이 하셔야 할 일인데, 제가 하게 되었네요. 수고하게 해서 미안하다는 말 정도는 하시면 어때요?

A : 그깟 업무 몇 개 더 하게 되었다고 다 큰 남자가 그딴 걸 하나 직접 못하고 남한테 떠넘기고 그러나. 호호호. 아유…… 참 일하시느라 오죽 힘드신가 봐요. 그거 하나 하게 되었다고 삐쳐서 득달같이 쪼르르 달려와서 화내는 꼴이라니……. 쯧쯧.

위는 별것 아닌 것 같지만 노련한 싸움쟁이들이 야비한 화법들이 사안별로 아주 잘 담긴 공격이다. 일단 첫째는 책임 전가 화법이다. B가 제시한 본연의 주제는 "왜 너의 일을 나에게 부당하게 떠넘기느냐?" 하는 것이다. 그런데 A는 간교하게도 이야 B의 성격문제로 돌려버리고 있다. 내가 잘못한 게 아니라 네가 성격이 쪼잔해서 문제라는 쪽으로 주제를 바꿔버리는 것이나. 흔히 볼 수 있는 것이라 어려운 기술이라고는 절대 할 수 없지만, 간교하기로는 1, 2등을 다투는 아주 야비한 방법이다.

두 번째는, 자신에게 유리한 그리고 상대를 공격하기 좋은 관념어들을 잘 사용하고 있다는 점이다. 삐쳤다, 쪼르르, 득달같이, 같은 단어를 상대방과 매칭시켜 줌으로써 상대가 성격이 넓지 못하다는 이미지 메이킹을 하고 그를 통해 상대적으로 자신의 정당성을 강화한다. 수준 낮고 유치한 방법이지만 당하는 입장에서의 기분 나쁨은 극도로 증폭될 수가 있다.

이런 식으로 비위를 긁을 때, 여기에 대해 "아니 안 삐쳤어. 화 안 났어." 라고 답변을 한다면 그건 잘못된 대처다. 축구 경기에서 가끔 상대 선수를 욕하고 놀리면서 자극하는 선수들이 있는데, 그에 분노해서 한 대 치기라도 하면 레드 카드를 먹는 건 도발한 쪽이 아니라 때린 선수다. 스포츠 선수들은 흔히 "경기장에서는 상대 선수가 뺨을 때려도 웃으며 맞을 수 있는 멘탈이 필요하다."라는 말을 하곤 한다. 말싸움 역시 마찬가지다. 조롱에는 최대한 냉정함을 유지하는 것이 핵심이다. 그리고 차분한 어투를 기본으로, 역시 역으로 미소를 지으면서, 타일러주는 것이 가장 바람직하다.

B : 삐친 적도 없고, 득달같이 달려온 적도 없고, 화낸 적도 없습니다. 그런 유치한 단어로 사람 억지로 이상하게 만들지 마시고요. 자기 혼자 이득 볼려고 하다가 그게 안 되면 상대방을 비아냥거리는 그 이상하 습관은 접어두고 합리적인 업무 분장에 대해 이야기합시다.

언쟁에서 제일 중요한 건 상대가 잘못한 것에 대해 그 죄명이 무엇인지 정확히 명명해서 지적해주는 것이다. A여사원이 잘못한 건 논점의 본질을 흐리고 상대의 인격을 깎아 망신을 줌으로써 자신의 이기적 목적을 달성하려 한 점이다. 이 점을 정확히 지적해서 타이름의 역공을 가해줘야지 방어를 하려고 하면 안 된다.

상대의 인격 모욕 공격에 대한 대처법을 간단히 글 상자 하나로 정리해

본다.

<인격 모욕, 조롱 공격에 대한 대처 유의 사항>

1. 상대가 논리가 아니라 인격 모욕을 통해 자신의 이기적 목적을 달성하려 하고 있다는 점을 명확히 지적해준다.
2. 그런 짓이 저급한 일이라는 점을 타일러준다.
3. 흥분하거나 화내지 말고, 차분하게 웃으면서 반론한다.
4. 화를 내려면 아주 엄청나게 크게 낸다. (그렇지 않을 거면 아예 화를 내지 말고 3번의 대처로 가야 한다.)

모든 위기는 기회라고, 잘만하면 조롱 공격을 가한 상대에게 더 큰 피해를 역으로 줄 수도 있다. 만약 당신이 비꼼과 조롱에 타이름으로 잘 대처해 나갈 수 있다면 언쟁의 최고수로 불려도 큰 손색이 없을 것이다.

대개 이런 식의 조롱 공격을 즐겨 쓰는 사람들은 소시오패스 성향을 어느 정도는 가지고 있다. 타인에게 정신적 고통을 주는 것에 전혀 불편감을 못 느끼는 것은 물론이고, 더 나아가 그런 행위에서 우월감이라는 쾌감을 느끼기도 한다. 원래 남이 겪는 고통은 다 별것이 아니고, 자기 자신이 겪는 고통만 중요하다고 생각하는 게 그들의 변하지 않는 습성이다. 그런 이들과 정면으로 맞붙기엔, 착하고 선량한 사람들에게 있어 이 사회 어느 조직도 그리 순탄하지만은 않다. 착한 사람보다 강한 사람이 더 대접받는 건 어디나 큰 차이가 없기 때문이다. 착하면 바보라는 말이 괜히 나오는 것이 아니다.

그렇기 때문에 착한 사람에게 반드시 갖춰져야 할, 최고의 덕목은 바로 영리함이다. 그리고 영리함은 반드시 '정리'와 '복습' 그리고 '연구'를 통해서만이 배양될 수 있다. 논쟁뿐 아니라 세상 모든 일에서의 경쟁에서도 똑같이 적용될 수 있는 이야기라고 생각한다.

사람에 대한 속단이 패배를 부른다

마지막으로 기본적인 이야기를 하고 이번 책을 마칠까 한다. 보통 우리가 당하게 되는 것은 상대에 대해 잘 모르는 상황에서, 싸움의 준비가 제대로 안 되어 있을 때 기습을 당하면 패하게 된다. 마지막 유의 사항이자 절대적인 유의 사항은 반드시 그 사람의 겉 인상만 보고 그 사람이 남을 공격하거나 속이지 않는 사람이라 오해해선 안 된다는 점이다.

늘 웃는 얼굴을 가장하고 선량해 보이는 면상을 가졌어도 실상은 야비한 인격을 얼마든지 가지고 있을 수 있다. 사기꾼들이 바로 그 대표적 사례다. 흔히 하는 말로 "나이 40 넘으면 자기 얼굴에 책임을 져야 한다."라는 이야기가 있는데 나이 40 넘은 사기꾼들이 많은 걸로 봐서 신빙성이 좀 떨어지는 이야기다. 얼굴에 전 사기꾼으로 살아왔습니다,라고 쓰여 있으면 거기에 속을 사람이 누가 있겠는가. 얼굴만 봐서 그 인간의 실체를 알기란 사실 불가능하다는 걸 인정할 필요가 있다. 우리가 "제길! 당했다!"라고 말하는 경험의 대부분은 "저 사람이 그럴 줄 몰랐어."라는 심리적 편견으로부터 시작된다. 사기든 속임수든 당하는 것에는 반드시 섣부른 편견이 전제가 된다. 동양 최고의 전략 교본이라는 병법 삼십육계에서도 하나의 챕터로 소리장도(笑裏藏刀)라는 것이 있다. 즉 웃음으로 사람을 기만하라는 것이다.

실제로 남에게 잘 사기를 치거나 경쟁, 투쟁심이 강한 사람들의 경우 웃는 낯을 잘 가장하는 경우가 많은데, 그건 바로 상대방을 최대한 안심시켜야 내가 공격하거나 기만하기가 용이하기 때문이다. 복싱 시합도 보면 다운이 가장 잘 일어나는 상황이 예측 못 한 펀치를 맞았을 때이다. 상대방 주먹을 예상하면 설사 피하지 못한다 해도 그 충격을 아주 크게 받지는 않는다. 심신에 충격에 대비하는 기재가 작동되기 때문이다. 반면 진짜 큰 타격을 받는 건 전혀 예상치 못한 펀치를 맞았을 때이다. 가끔 뛰어난 격투 스포츠 선수라도 길거리 싸움에서 반신불수가 되거나 사망하는 경우가 있다. 예상치 못한 상태에서 갑자기 공격이 튀어나오는 게 길거리 싸움이기 때문이다.

이런 위험성은 말싸움이나 정신적 대결에 있어도 그대로 적용이 된다.

"저 자식은 언제라도 나를 물어뜯을 수 있는 놈이야. 조심해야지"
"저 자식이 지금 나를 골려주려고 말을 꺼내기 시작하는군."

이라는 인식을 가지는 것과 그렇지 않을 때, 당하는 정도나 정신적 충격의 차이는 크다. 밝은 표정이나 깔끔한 이미지 등 그 사람의 외모나 태도만 보고 섣불리 마음을 놓는 것은 절대 금물이다. 실제로, 남을 속이고 등쳐먹는 것을 직업으로 삼는 사기꾼, 제비, 꽃뱀 같은 직군의 사람들을 보면 대부분 차림새가 말끔하고 인상이 좋다. 늘 웃는 낯이다. 사실 그들에게 있어서 호감형 인상을 만드는 건 주요 직무 활동 중 하나이기 때문에 소홀히 할 수 없는 일이다. 이 직무의 궁극적 목적은 사람을 방심시키는 것이다. 방심하고 풀어진 자세에서 갑자기 들어오는 칼질을 막을 수 있는 사람은 없다. 여러 차례 이야기를 나눠보고 어느 정도 그 사람의 신뢰성을 검증한 이후에야 마음을 놓는 자세가 꼭 필요할 것이다.

본격적인 공방의 기술을 다루기에 앞서 이 이야기를 하는 이유는, 마음을 턱 하니 놓아버리는 방심상태가 되면 그 어떤 기술도 백약이 무효하기 때문이다. 천하장사 역도산도 술에 취하니 길거리 양아치에게 맥없이 살해당했다. 하물며 애초에 싸움에 익숙해져 있지 않은 우리 같은 선량한 사람들일 경우 마음을 놓는 순간 바로 당하게 되고, 진득한 후회가 남게 된다. 방심하지 않는 마음가짐, 그리고 궁극적으로 싸움쟁이들 앞에선 집중력을 의식적으로 높이는 것이 그 어떤 기술 못지않게 중요한 일이다.

summary noet

함정 전략의 업그레이드 <족쇄 전략>

네 말대로 하면 과연 그렇게 될까? - 더 무거운 책임 지우기

상대의 말이 틀렸다는 것을 정면으로 입증해 주는 것은 쉬운 일이 아니다. 그보다는 너의 말이 '절대적'으로 옳다는 것을 스스로 입증하라고 좁아진 골목길로 몰아가는 편이 훨씬 승리를 쉽게 줍는 방법이다.

상대방에게 단정적 주장을 강요하라 - 단정 강요 화법

이건 상대방을 추궁하며 몰아넣을 때 가장 유용한 화법 중의 하나인 Yes, No 강요 화법이다. 원래 Yes, No 둘 다 극도로 단정적인 표현이고, 확실한 Yes, 확실한 No는 모두 공격받기도, 욕먹기도 쉽다.

단정 강요를 보다 쉽게 구사할 수 있는 방법 - 요약 강요

가장 좋은 방법은 상대방의 말을 요약하는 것이다. 공격의 틈이 안 보여도 상대의 말을 요약한다는 관점으로 접근하면 공격포인트가 보인다.

상대의 감정 자극하기 - 감정 족쇄 전략

상대를 스스로 자멸하게 만드는 족쇄 트랩 중 가장 끝판 왕이라고 할 수 있는 것은 역시 상대의 감정을 건드리는 것이다. 말싸움을 할 때 이는 흔히 조롱의 형태로 나타난다. 간교한 싸움쟁이들이 가장 잘하는 것 역시 바로 이 조롱이다.

맺는말

최근 25년 다니던 직장에서 퇴사한 한 50대 중반 지인으로부터 이런 말을 들었다. "세상은 발전하고 있는데 어째 살기는 점점 더 힘들어지나……." 분명히 세상을 발전하고 있는 게 맞는데, 살기는 더 힘들어진다. 대체 발전이라는 게 뭘까?

여기서 말하는 살기 힘들다는 의미는 구체적으로 경쟁이 심해진다는 것이다. "왜 경쟁은 날이 갈수록 치열해지는가, 왜 사람들은 더 열심히 하면서도 더 극심한 박탈감에 휩쌓여 가는가?" 참 연구 대상인데, 학교나 연구소에 파묻혀 있는 이론쟁이들이 이 일의 원인과 해법을 밝혀주길 기대하는 건 요원한 일이다.

살기 힘들고 경쟁이 격화됨에 따라 더욱 농도가 짙어 지는 게 바로 사람과 사람 간의 싸움이다. 싸움이라는 건 주먹다짐을 하는 물리적 폭력도 있겠으나, 실제 우리가 더 사회생활을 하면서 더 자주 겪게 되는 건 지위, 명예, 실리, 돈, 주변 사람으로부터의 인정, 심리적 만족과 쾌감 등 사회적 관계를 두고 벌어지는 쟁탈전이다. 말하자면 관계에서 우위를 점하기 위한 싸움들이다.

이런 관계적 싸움들은 스포츠랑은 달라서 꼭 한쪽의 일방적 패배로만 귀결되어야 하는 것은 아니다. 그러나 경쟁이 심해지고 전 사회와 미디어가 부와 지위를 얻지 못한 이들에 대한 멸시를 조장하는 가운데, 세인들의 심리도 점차 공격적으로 바뀌어 가고 있다. 그에 따라 돈과 승진 같은 실질적 보상이 직접적으로 걸리지 않아도 조직 내에서 타인에게 망신, 창피함을 주거나 자신의 심리적 우월감을 충족시키기 위해 상대방을 공격해대는 경쟁 집착증에 걸리는 사람들이 양산되고 있다. 그런 인간들에게 쓸데없이 휘둘리는 건 정말 피해야 할 일이 된다. 주먹 싸움과는 달리 사회적 관계를 둘러싼 싸움의 공격수단들은 참으로 다양하여, 싸움에 익숙지 않은 착한 사람들은 그 교묘함에 곧잘 당하곤 한다. 이 책은 선량하기 때문에 상대적으로 더 많이 당하는 착한 사람들을 위한 일종의 기술 교본이라 할 수 있다.

혹자는 이 책의 내용에 대해 너무 비열하다, 노골적이다, 간교한 방법을 알려주는 게 아니냐?라는 이야기를 할 수도 있다. 그러나 사실 뻔히 벌어지고 있는 나쁜 현실에 대해 외면하는 태도가 실은 훨씬 더 야박한 태도이다. 싸움에 대해 이야기를 안 하면 안 할수록 성질이 악랄하고 교활한, 즉 싸움이 능숙한 사람들만 계속 이겨나갈 것이기 때문이다. 이 책에서 토론 승리의 기술을 오픈한다고 선량한 사람이 공격받는 일이 생길까? 천만의 말씀이다. 어차피 남을 공격해대는 비열한 인간들은 인생 삶을 통해 숱한 기술들을 이미 알고 있다. 오히려 더러운 기술을 오픈시킴을 통해 착한 사람들이 미리미리 대비하는 효과만 있을 뿐이다.

승리에의 추구는 결고 악(惡)이 아니다

남을 이기기 위해 노력하는 것에 대해 부정적인 느낌을 받는 사람이 있고, 상대적으로 그런 죄책감으로부터 훨씬 더 자유로운 사람이 있다. 솔직히 말하면 이런 책을 썼던 사람이라 믿기진 않겠지만 나는 죄책감을 많이 받는 쪽이다. 그리고 경쟁이라는 것을 매우 싫어한다. 이기기, 승리, 이런 것을 추구하는 사람들을 혐오하는 마음 역시 여러 독자들과 나, 전혀 다르지 않다. 당연히 가급적이면 안 싸우는 게 최선이다.

그러나 이 세상 인간이 하는 모든 행위의 진정한 실체를 확정 짓는 것은 그 행위의 겉모습 자체가 아니라 어디까지나 목적이다. 남을 때려눕히고 이겨 먹는 건 매우 부정적으로 보이지만 만일 그 상대방이 사기꾼, 도둑, 협잡꾼, 간신 모리배, 소시오패스, 이기주의자라면 어떨까. 당신을 칼로 찌르고 들어오는 날강도와의 싸움에서 이기기 위해 노력한다고 그게 나쁜 일인가? 만일 이순신 장군이 왜적을 이겨 먹기 위해 치열하게 고민하지 않았던들 나라와 백성이 무사했을 리가 있겠는가? 승리를 하지 않고는 선도, 진리도, 정의도 그 무엇도 구현될 수가 없다.

'그렇다면 이기기 위해선 대체 어떻게 해야 하는가?'라는 질문에 답하기 위한 책을 썼고, 아마 앞으로도 계속 써나갈 것이다. 일단 이 책과 같은 방법론을 익혀 나가는 것도 중요하지만, 그 이전에 가장 중요하고 기본적인 것은 이기는 것이 너무도 어려운 일이라는 점을 확실하게 아는 것이다. 그 어떤 상황에서도 자만하지 않고 내가 생각하지도 못한 변수가 세상에는 널려 있다는 사실을 늘 마음속에 새겨두고 있어야 한다. 이게 가장 중요하다고 생각한다.

함께북스 주요 도서 목록

나를 위한 하루 선물

서동식 지음 | 양장 | 376쪽 | 값 13,000원

소중한 자신에게 선물하는 행복한 하루!
나를 변화시키는 하루 한 마디 《하루 선물》. 이 책은 온전히 나 자신을 위한 지식과 교훈, 마음의 위로와 긍정적인 에너지를 줄 수 있는 글귀들로 구성되어 있다. 365 매일매일 가슴에 새겨넣을 글과 함께 '나를 변화시키는 하루 확언'을 수록하여 이전보다 더 긍정적인 마음과 목표의식을 가지고 살아갈 수 있게끔 용기를 주고 내면에 힘을 보태어준다.
내면의 소리에 맞추어 지혜롭게 인생의 길을 개척하고, 무의미한 걱정을 하느라 인생을 낭비하지 않고, 성실함으로 미래를 준비하여 기회를 잡고, 영감을 통해 모든 문제의 해결책을 찾고 새로운 기회를 만들어 내는 등 다양한 지침을 수록하여 행복하게 살아갈 수 있도록 도와준다.

365 매일매일나를 위한 하루 선물 2

서동식 지음 | 양장 | 400쪽 | 값 13,000원 |

365 매일매일 당신을 위한 선물들을 찾아가세요.
인생이라는 기회는 단 한 번뿐입니다. 게으름과 두려움에 망설임에 망설이고 있는 지금 이 순간에도 우리의 옆으로 미소를 지으며 혹은 비웃으며 지나가고 있습니다.
우리는 얼마나 이 소중한 인생을 가볍게 보고 있었나요? 우리는 얼마나 미지근하게 인생을 마시고 있었나요?다시 우리의 인생을 뜨겁게 데워야 합니다. 게으름이 아닌 열정으로 두려움이 아닌 용기로 미지근한 인생을 뜨겁게 달구어야 합니다. 다시 뜨거워진 열정으로 새로운 희망을 생각해야 합니다. 이 책은 우리가 놓치고 지나쳤던 우리가 기억하지 못하는 '나를 위한 선물'들을 찾아가라는 책입니다.

인생 편집

서정현 지음 | 304쪽 | 값 13,000원

오늘의 내 모습은 과거의 내가 편집한 결과이다.
삶의 모든 순간이 편집이다.
인생이 한 권의 책, 한 편의 드라마, 한 편의 영화라고 생각한다면 어떤 부분을 살리고 어떤 부분을 과감히 삭제할지 감이 설 것이다. 그렇게 작품의 완성도는 점점 높아진다. 인생 역시 그러한 과정을 거쳐 명품 인생으로 탄생한다.

하루하루 인생의 마지막 날처럼 살아라

이대희 지음 | 조인북스 | 320쪽 | 값 14,000원

날마다 오늘이 당신의 맨 마지막 날이라고 생각하라.
날마다 오늘이 맨 처음 날이라고 생각하라.
《하루하루 인생의 마지막 날처럼 살아라》는 유대인의 탈무드를 한국인의 시각에서 정리한 책이다. 탈무드는 유대인의 책이지만, 모든 인간에게 해당되는 보편적인 진리의 내용을 담고 있다. 이미 잘 알려진 탈무드의 짧은 격언을 오늘의 삶에 적용하고 대안을 찾는 방식으로 정리했다. 이 책을 통하여 5천 년의 역사를 갖고 있는 한국인에게도 유대인의 탈무드 교육과 같은 놀라운 시도가 시작되길 기대한다.

꿈꾸며 살아도 괜찮아

서동식 지음 | 양장 | 248쪽 | 값 14,000원

자신의 꿈을 놓치지 마세요.

세상은 우리에게 꿈꾸며 살라고 말한다. 하지만 정말 꿈을 가지고 살기 시작하면, 세상은 갑자기 다른 말을 한다. 꿈을 꾸며 살라던 세상은 우리에게 꿈이 이루어질 수 없는 이유만을 말한다. 너는 이래서 안 돼, 저래서 안 돼. 온통 안 되는, 포기해야 하는 이유뿐이다.
이제부터 당신은 자신의 꿈을 지켜내기 위한 전쟁을 해야한다. 당신의 꿈을 반대하는 모든 것들로부터 당신을 지켜내야한다. 당신을 사랑해주는 사람이라 할지라도 꿈을 향한 길을 방해한다면 적극적으로 방어해야 한다. 아무것도 하지 않으면 당신의 인생은 다른 사람들에 의해 이리저리 끌려 다니기만 할 것이다.

그저 그런 20대를 보낸 사람이 30대에 변화하기 위해 알아야 할

좋은 습관 리스트 100

센다 타쿠야 지음 | 박은희 옮김 | 양장 | 236쪽 | 값 13,000원

당신의 인생을 업그레이드 해줄 좋은 습관을 기르자!

뇌는 어떤 자극도 주지 않고 가만히 내버려두면 일상적으로 반복되는 거의 모든 일을 무차별적으로 습관화시킨다. 이 무차별적으로 행동을 습관화하기 때문에 이른바 나쁜 버릇이 생긴다. 습관을 근절할 수는 없지만, 습관을 바꿀 수는 있다. 나쁜 습관을 좋은 습관으로 바꾸는 노력이 필요하다. 열망은 습관을 만드는 원동력이다. 열망을 자극하면 새로운 습관을 더 쉽게 형성할 수 있다. 하루아침에 습관을 바꾸고 또 새로운 습관을 쌓는 것은 절대 쉬운 일이 아니다. 원하던 계획대로 되지 않아 실패하더라도 실패해서 포기하지 않는다면 자신이 원하는 좋은 습관을 쌓을 수 있다.

성공하는 30대가 되기 위해 절대로 물들지 말아야 할 70가지 습관

센다 타쿠야 지음 | 유가영 옮김 | 양장 | 172쪽 | 값 12,000원

회사에서는 가르쳐주지 않는 사회인의 마음가짐!

회사에서는 잘 가르쳐 주지 않는, 하지만 모르고 있으면 손해인 사회인의 마음가짐에 대해 이야기하고 있다. 회사에서 성장하는 사람과 그렇지 못한 사람의 차이는 지능지수도 운도 아니다. 그렇다고 열심히 노력만 한다고 해서 누구나 성공하는 것도 아니다. 바로 24시간, 365일 무심코 하고 있는 사소한 습관이 결정타가 되는 것이다. 사회인으로서의 습관은 처음 사회인이 되었을 때부터 어엿한 한 사람 몫을 하기 시작하는 입사 5년차 때까지 형성된다. 이 책은 70가지 악습을 구체적으로 소개하며, 이러한 습관에 물들지 말고 책임감을 갖고 꿋꿋이, 주어진 일에 최선을 다해야 함을 강조하고 있다.

따르는 리더십: 빈자리를 채워주면서 마음을 이끄는 사람

정은일 지음 | 양장 | 276쪽 | 값 14,500원

이 시대를 살아가는 젊은이라면 누구나 한 번쯤은 읽어보아야 할 필독서!

리더가 도약하는데 필요한 깨달음의 3원칙을 흥미로운 기법으로 소개한 책이다. 적극적이고 성실하지만 대인관계의 어려움을 느끼는 김 팀장과 친화력이 좋지만 실적 앞에서는 고개를 들지 못하는 이 팀장의 작전타임을 통해 다양한 리더십 스타일을 배우게 된다. 리더십의 품격이 높아지는 과정, 가족관계나 직장에서의 관계들이 원활하게 소통되는 과정을 풀어냈다.

40대, 다시 한 번 공부에 미쳐라

김병완 지음 | 284쪽 | 값 14,000원

이룰 수 있는 목표가 남아있는 젊은 나이 40대, 진짜 공부를 시작하자!

삼성전자에서 10년 이상 연구원으로 직장생활을 해온 저자 김병완이 자신의 경험을 바탕으로, 꿈을 포기해야 하는 가로 고민하는 40대들을 위해 세상의 빠른 변화와 흐름을 따라잡는 방법으로 '참된 공부'를 키워드로 제시하였다. 저자는 40대야말로 공부하는 사람이 갖추어야 할 조건을 제대로 갖춘 시기라고 말하며, 진짜 인생을 살기 위해 진짜 공부를 시작하라고 조언한다. 공부로 인생을 역전시킨 인물들의 이야기와 다양한 사례를 통해 공부로 인생의 참된 주인이 되는 법을 알려주고, 공부함으로써 인생에 끼치는 다양한 효과들을 소개한다.

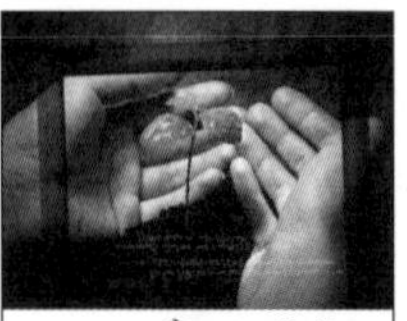

울고 싶어도 내 인생이니까

백정미 지음 | 344쪽 | 값 14,000원

울고 싶어도 내 인생이다, 포기하지 말고 걸어가라.

십여 년 가까이 최고의 감성작가로 누리꾼들의 사랑을 받은 백정미의 에세이집. 이 책은 저자의 치열한 사유에 의해 탄생한 귀중하고 의미 깊은 깨달음을 담았다. 울고 싶어도 슬퍼도 힘겨워도 자신만의 인생을 살아가야 하는 이 세상 모든 사람들에게 우리 곁에 머물면서 우리의 선택을 기다리고 있는, 인생을 가장 행복하게 살아낼 수 있는 비법들을 소개한다.

저자는 긍정적인 생각과 함께 늘 꿈을 간직하고 살고, 시간의 소중함과 사랑의 소중함을 알고, 이해하며 살아가는 것이 인생을 살아가는데 있어 가장 중요한 것들이라고 말한다. 이러한 지혜를 깨닫고 인생의 주인공인 자기 자신이 스스로의 인생에 책임감을 지니고 살아간다면 죽음 앞에 이르러서도 후회라는 그늘을 남기지 않을 것이라 이야기하고 있다.

신뢰가 실력이다

존 더글라스 지음 | 최유리 옮김 | 356쪽 | 값 15,000원

인간관계의 성패를 결정하는 신뢰를 얻는 비결!

인간관계 분야 최고의 강좌라고 찬사를 얻고 있는 카네기 강좌 코스 중 '사람의 신뢰를 얻기 위한 강좌'를 수강하는 사람들의 생생한 사례와 경험을 수록하였다. 신뢰를 얻기 위한 여행을 떠나고 있는 이 책은 사람들 마음속에 심어야 할 꽃씨는 무엇이며 어떻게 준비해야 하는지 어떻게 심어야 하는지 등을 알려준다.

자전거 메인터넌스: 자전거의 모든 것을 알 수 있는

누카야 그룹 감수 | 유가영 옮김 | 236쪽 | 값 15,000원

1,250점의 컬러 사진을 통해 알아보는 자전거의 모든 것!

이 책에는 자전거에 대한 최신 정보를 1,250점의 컬러 사진을 통해 순서적으로 설명하고 있어 초보자라도 이해하기 쉽다. 그리고 자전거의 정비의 기초와 관리에 대해 전문자용 공구가 아닌 휴대용 공구 수준에서 가능한 작업 위주로 많은 사진과 글로 이해하기 쉽게 만들었다. 따라서 어느 자전거를 타고 있든 라이더에게 유용한 정보를 제공하고 부품 업그레이에도 도움이 된다. 평소에서도 자전거를 쉽게 관리하는 방법과 알아두면 좋은 자전거에 관한 기본 상식과 함께 정리하였다.